D1268626

Ancient Peru Unearthed | Sicán : L'or du Pérou antique

ANCIENT PERU UNEARTHED

Golden treasures of a lost civilization • L'or précieux d'une civilisation disparue

SICÁN : L'OR DU PÉROU ANTIQUE

Exhibition Catalogue
September 2006

Catalogue de l'exposition
Septembre 2006

The Nickle Arts Museum
University of Calgary

A catalogue to accompany an exhibition of Sicán artifacts
Ancient Peru Unearthed: Golden Treasures of a Lost Civilization

The Nickle Arts Museum
University of Calgary
2500 University Drive N.W.
Calgary, Alberta, Canada, T2N 1N4
(403) 220-7234

Photography: Y.Yoshii / PAS and Dr. Izumi Shimada
Editors: Joyce Hildebrand and Karen Buckley
French adatation: Nicole Giguère and Pierre Cantin
Design and Color management: Nelson Vigneault,
CleanPix Corp., Calgary
Printing: Marquis Book Printing Ltd.

Library and Archives Canada Cataloguing in Publication

Ancient Peru unearthed : golden treasures of a lost civilization
= Sicán : l'or du Pérou antique

Essays by Colleen Sharpe ... [et al.]
Text in English and French.

ISBN-13: 978-0-88953-306-6
ISBN-10: 0-88953-306-7

1. Sicán culture – Exhibitions.
2. Túcume Site (Peru) – Exhibitions.
3. Lambayeque (Peru : Province) – Antiquities – Exhibitions.
4. Goldwork – Peru – Lambayeque (Province) – Exhibitions.
I. Sharpe, Colleen, 1974- II. Nickle Arts Museum
III. Royal Ontario Museum IV. Art Gallery of Nova Scotia
V. Canadian Museum of Civilization VI. Title: Sicán.

F3430.1.S55A63 2006   985'.14   C2006-904099-0E

Exhibition Itinerary

The Nickle Arts Museum, Calgary, Alberta
27 September 2006 – 14 January 2007

The Royal Ontario Museum, Toronto, Ontario
10 March 2007 – 06 August 2007

Art Gallery of Nova Scotia, Halifax, Nova Scotia
08 September – 12 November 2007

Canadian Museum of Civilization, Gatineau, Quebec
06 December 2007 – 19 May 2008

Printed in Canada

Catalogue de l'exposition
Sican : L'or du Pérou antique • L'or précieux d'une civilisation disparue

The Nickle Arts Museum
Université de Calgary
2500, promenade University N.-O.
Calgary, Alberta, Canada, T2N 1N4
(403) 220-7234

Iconographie : Yukata Yoshii / PAS et Izumi Shimada
Révision (anglais) : Joyce Hildebrand et Karen Buckley
Révision (français) : Nicole Giguère et Pierre Cantin
Conception graphique et séparation des couleurs: Nelson Vigneault,
CleanPix Corp. , Calgary
Impression: Marquis Imprimeur Ltd.

Catalogage avant publication de Bibliothèque et Archives Canada

Ancient Peru unearthed : golden treasures of a lost civilization
= Sicán : l'or du Pérou antique

Essais de Colleen Sharpe ... [et al.]
Texte en anglais et en français.

ISBN-13: 978-0-88953-306-6
ISBN-10: 0-88953-306-7

1. Culture Sicán – Expositions.
2. Túcume (Pérou : Site archéologique) – Expositions.
3. Lambayeque (Pérou : Province) – Antiquités – Expositions.
4. Orfévrerie – Pérou – Lambayeque (Province) – Expositions.
I. Sharpe, Colleen, 1974- II. Nickle Arts Museum
III. Musée royal de l'Ontario IV. Galerie d'art de Nouvelle-Écosse
V. Musée canadien des civilisations VI. Titre : Sicán.

F3430.1.S55A63 2006   985'.14   C2006-904099-0F

Itinéraire de l'exposition

The Nickle Arts Museum, Calgary, Alberta
Du 27 septembre 2006 au 14 janvier 2007

Musée royal de l'Ontario, Toronto, Ontario
Du 10 mars au 6 août 2007

Art Gallery of Nova Scotia, Halifax, Nouvelle-Écosse
Du 8 septembre au 12 novembre 2007

Musée canadien des civilisations, Gatineau, Québec
Du 6 décembre 2007 au 19 mai 2008

Imprimé au Canada

Cover:
Sicán Lord's mask
PHOTO: Y.YOSHII/PAS

Back cover:
Ornament of the Sicán Lord
PHOTO: Y.YOSHII/PAS

Couverture :
Masque du seigneur du Sicán
PHOTO : Y.YOSHII/PAS

Couverture arrière :
Ornement frontal à l'effigie
du seigneur du Sicán
PHOTO : Y.YOSHII/PAS

Contents | Sommaire

Foreword

Wonderful exhibitions can arrive from unexpected quarters. This is the case with this very special show: the story of its coming to Canada is integral to its power and mystery.

In 1992 a gifted Peruvian student, Carlos Elera, was accepted into the doctoral program in the Department of Archaeology at the University of Calgary. He was to work with one of their foremost Latin American scholars, Dr. Scott Raymond. After bringing his family to Calgary and studying hard, Carlos was awarded his doctorate in 1999 and returned to Peru where he was named Director of the Sicán National Museum.

Soon after, in 2000, he approached me with an offer of the first exhibition of Sicán material in North America. These incredible finds, excavated under the supervision of Dr. Izumi Shimada, had only left Peru twice before, once to go to Japan and once to go to Switzerland. Dr. Elera told me he wanted to give back to Calgary and Canada for having helped him. This conversation started our adventure with *Ancient Peru Unearthed*.

Little did I know, in 2000, that it would take almost six years to see the Sicán gold in The Nickle Arts Museum. Through the twists and turns Dr. Stephen Randall, Dean of the Faculty of Social Science, was unfailingly supportive, as was the then Director of Information Resources, Dr. Frits Pannekoek. Officials in the Canadian Department of Foreign Affairs were endlessly patient and helpful, and Peruvians in the Embassy in Canada showed the same generosity of spirit. In Peru we were constantly advised and directed by Dr. Luis Guillermo Lumbreras Salcedo, Director, L'Instituto Nacional de Cultura del Perú, and Bertha Vargas, Directora, Sistema de Museos Nacionales del Perú. Without their help this project would not have happened. The Canadian Embassy in Peru, and especially two

Avant-propos

Il arrive parfois que des expositions absolument extraordinaires soient le fruit de circonstances inusitées. C'est le cas de cette exposition des plus singulières, car la façon dont elle est parvenue au Canada est à l'image de la puissance et du mystère qui l'entourent.

En 1992, un étudiant péruvien doué, Carlos Elera, fut accepté au programme de doctorat du département d'Archéologie de l'Université de Calgary. Il avait reçu le mandat de travailler sous l'égide de Scott Raymond, l'un des plus grands chercheurs dans le domaine des études sur l'Amérique latine. C'est ainsi que l'étudiant installa sa famille à Calgary et travailla d'arrache-pied à son doctorat, qu'il obtint en 1999. Il rentra ensuite dans son pays, où il fut nommé directeur du Museo Nacional Sicán.

Peu après, en 2000, il communiquait avec moi pour que nous mettions en œuvre la toute première exposition en Amérique du Nord d'objets en provenance du Sicán. Ces incroyables découvertes, recueillies sous la supervision de l'archéologue Izumi Shimada, n'avaient quitté le Pérou qu'à deux reprises : la première fois pour être exposées au Japon; la seconde, en Suisse. Carlos Elera m'avait alors confié qu'il voulait faire quelque chose de particulier pour Calgary et le Canada, en gage de reconnaissance de l'aide qu'il en avait reçue. C'est à ce moment-là qu'a commencé notre aventure consacrée au *Sicán: L'or du Pérou antique*.

J'étais loin de me douter qu'il faudrait près de six ans avant que les objets en or du Sicán aboutissent au Nickle Arts Museum. Grâce au soutien indéfectible du professeur Stephen Randall, doyen de la faculté des Sciences sociales, et du directeur des Ressources de l'information de l'époque, Frits Pannekoek, le Musée a réussi à surmonter toutes les embûches. De plus, les représentants du ministère canadien des Affaires étrangères ont fait preuve d'une patience et d'une aide indubitables. Les gens de l'ambassade du Pérou au Canada ont affiché la même générosité d'esprit. Au Pérou, nous avons continuellement bénéficié des conseils et de la direction de Luis Guillermo Lumbreras Salcedo, le directeur de l'Instituto Nacional de Cultura del

← Sicán Lord's Headdress. Shown with removable bat forehead piece.
PHOTO: Y.YOSHII/PAS

Coiffe du seigneur du Sicán et ornement frontal, amovible, en forme de tête d'une chauve-souris.
PHOTO : Y.YOSHII/PAS

Ambassadors, Hughes Rousseau and Geneviève des Rivières were key players. Thank you very much.

Back in Canada, Dr. Scott Raymond was ever-present with quiet support and sage counsel. His work at every stage was vital to all aspects of this complex undertaking.

Another major component of the success of this exhibition is the whole staff of The Nickle Arts Museum . Here I draw particular attention to Colleen Sharpe, who has ably coordinated every aspect of this production. But Colleen could not have been effective without the creativity, dedication and downright hard work of every single member of the small Nickle staff. They accomplish, with grace and polish, the work of a much larger staff.

This exhibition has been generously supported by the Government of Alberta Community Initiatives Program, and the Government of Alberta Community Facility Enhancement Program, which receive funding from the Alberta Lottery Fund, and AMJ Campbell Van Lines. Thank you very much.

I am delighted that *Ancient Peru Unearthed* will travel to the Royal Ontario Museum, the Canadian Museum of Civilization, and the Art Gallery of Nova Scotia. This way many Canadians may experience first hand the complexity and creativity of the Sicán.

Ann Davis, Ph.D.
Director
The Nickle Arts Museum
April 2006

Perú, et de Bertha Vargas, la directrice du Sistema de Museos Nacionales del Perú. Ce projet n'aurait pu voir le jour sans leur assistance. L'ambassade du Canada au Pérou, et plus particulièrement deux ambassadeurs, Hughes Rousseau et Geneviève des Rivières, ont également joué un rôle primordial dans la réalisation de cette exposition et nous les en remercions sincèrement.

Pendant ce temps, au Canada, Scott Raymond nous manifestait son appui et nous donnait de sages conseils. À toutes les étapes du projet, sous tous les aspects de cette entreprise complexe, son travail a revêtu une très grande importance.

De leur côté, tous les membres du personnel du Nickle Arts Museum ont joué un rôle considérable dans la réussite de cette exposition. J'aimerais souligner ici, de façon particulière, les efforts déployés par Colleen Sharpe, qui a coordonné fort efficacement toutes les facettes de cette production. Cela dit, elle n'aurait pu réussir sans la créativité, le dévouement et le dur labeur de chacun des membres du mince personnel du Nickle Arts Museum. Avec grâce et raffinement, ils réussissent à s'acquitter de tâches que même des effectifs plus nombreux considéreraient comme de véritables défis.

Cette exposition a reçu une aide substantielle de la part du gouvernement de l'Alberta par le biais d'une subvention aux initiatives communautaires et dans le cadre de son programme d'amélioration des installations communautaires, lequel programme est en partie financé par l'Alberta Lottery Fund, et AMJ Campbell Van Lines. Nous les en remercions de tout cœur.

Je suis ravie de savoir que l'exposition *Sicán : L'or du Pérou antique* sera également présentée au Musée royal de l'Ontario, au Musée canadien des civilisations et à l'Art Gallery of Nova Scotia. Grâce à elle, un grand nombre de Canadiens et de Canadiennes pourront être témoins de la complexité et de la créativité caractéristiques du Sicán.

La directrice
Ann Davis
The Nickle Arts Museum
Avril 2006

Message

The excellent exhibition of Sicán artifacts at the Nickle Arts Museum is a master sample of two decades of scientific investigation by the Sicán Archaeological Project, which is now the Museum of Sicán. Following a time at The Nickle Arts Museum, the exhibition, which was brought to Canada in cooperation with the National Institute of Culture of Peru, will go on a tour across Canada to the Royal Ontario Museum, the Art Gallery of Nova Scotia and the Canadian Museum of Civilization, hopefully attracting great interest from the public.

The Museum of Sicán, which lent the artifacts featured in this exhibition, is unique in a number of respects: it is dedicated to the scientific research of the Sicán culture and the dissemination of its results, as well as the protection and storage of the material remains of this culture.

It is important to emphasize that the discovery of the cultural treasures featured in this exhibit has been made possible thanks to the excavations of the Japanese archaeologist Izumi Shimada in the north coast of Peru. The archaeological discoveries made there astonish us for the sheer number of golden objects found in the area, which is believed to be the development centre of the Sicán culture. During the research, a tomb was discovered containing valuable funeral paraphernalia such as crowns, belts, masks, bracelets, collars, weapons, armour, and other gold objects, as well as turquoise, *spondylus* shell, lapis lazuli and amber beads.

In the name of the Government of Peru, I congratulate all parties involved in making this a successful event. Lastly, I would like to express my gratitude to everyone in Canada and Peru who has made this exhibition possible.

Guillermo Russo
Ambassador of Peru
July 2006

Message

L'excellente exposition d'artefacts du Sicán qui est présentée au Nickle Arts Museum est le résultat extraordinaire de fouilles échelonnées sur une vingtaine d'années dans le cadre du projet archéologique du Sicán, maintenant le Museo Nacional Sicán. Cette exposition, qui a fait son entrée au Canada grâce à la collaboration de l'Instituto Nacional de Cultura del Perú, passera un certain temps au Nickle Arts Museum, après quoi elle sera acheminée au Musée royal de l'Ontario, à l'Art Gallery of Nova Scotia et au Musée canadien des civilisations, où le grand public devrait y accorder beaucoup d'intérêt.

Le Museo Nacional Sicán, d'où proviennent les artefacts présentés ici, est unique à bien des égards : ce musée se consacre à la recherche scientifique de la culture du Sicán et à la dissémination de ses résultats, en plus de s'adonner à la protection et à l'entreposage des restes de cette culture.

Il est important de mentionner que la découverte des trésors culturels dont il est question dans cette exposition a été rendue possible grâce aux travaux de l'archéologue japonais Izumi Shimada sur la côte septentrionale du Pérou. Les découvertes archéologiques qui y ont été faites nous étonnent en raison de la quantité d'objets en or trouvés dans la région, région qui serait le centre de développement de la culture du Sicán. Pendant les fouilles, une tombe renfermant du précieux matériel funéraire a fait l'objet d'une découverte. Elle recelait des couronnes, des ceintures, des masques, des bracelets, des colliers, des armes, des armures et d'autres objets en or, ainsi que des perles de turquoise, de coquillages de *spondylus*, de lapis lazuli et d'ambre.

Au nom du gouvernement du Pérou, je tiens à féliciter toutes les parties qui ont fait de ce projet une réussite. Je tiens aussi à exprimer ma gratitude à toutes les personnes œuvrant au Canada et au Pérou auxquelles nous devons la réalisation de cette exposition.

L'Ambassadeur du Pérou
Guillermo Russo
Juillet 2006

Unearthing Ancient Peru

Colleen Sharpe, Assistant Curator, The Nickle Arts Museum

Sicán Lord cut out
PHOTO: Y.YOSHII/PAS

Découpage du seigneur
du Sicán en or
PHOTO : Y.YOSHII/PAS

The archaeologist unearths the past literally, with a shovel or a trowel. In the case of an archaeological excavation the past is uncovered with slow patience, revealing layer by layer the connections and associations that lead us to knowledge. Like an investigation at a crime scene, no detail or association of objects is insignificant. The undisturbed past is waiting to be discovered and shared. Unfortunately the monetary value of historic treasures encourages robbing them from the ground, often with a heavy hand, in some cases even with bulldozers and tractors. This practice is known as grave robbing or tomb looting, and those who practice it in Peru are known as "*guaqueros*".

Guaqueros are the first link in the multimillion-dollar illicit trade in archaeological artifacts left by the Incas and other civilizations that thrived in Peru before the Spanish conquest. As Walter Alva, the Director of the Bruning Archaeological Museum, noted, "The traffic in archaeological treasures out of Peru is second only to drug trafficking in terms of money made, and the damage it does to the study of our past is incalculable."[1]

A recent international example of looting was the widely reported plunder in 2003 of Iraq's cultural treasures, both those in museums and those still in the ground. Dr. Jonny George, Director of the Iraq Museum, reported "the looters broke through the main galleries and the store rooms, stealing and destroying everything they could get their hands on." The toll was around 15,000 items.[2] A National Geographic Society archaeological expedition to significant ancient sites and key museums in Iraq reports that some ancient sites have been seriously damaged by recent looting. Hundreds of people could be seen making illegal excavations at many places. "Far more material than what has been reported missing from the Iraq Museum in Baghdad is being ripped from the ground and leaving the country," expedition leader Henry Wright said.[3]

The importance of the *Ancient Peru Unearthed* exhibition lies in the objects themselves and how they came to be known. All the artifacts presented in this exhibition were discovered through authorized archaeological excavation. It is this authenticity that gives these cultural treasures the true power to enthrall. These Sicán objects are known and documented. The Nickle Arts Museum is one of many museums concerned with the authenticity and ethics of museum exhibition. Led by international bodies such as the United Nations Educational, Scientific and Cultural Organization (UNESCO), museums are part of a global world that is cognizant of not only the real, but also the origin of the real.

UNESCO seeks to encourage the identification, protection and preservation of cultural and natural heritage around the world considered to be of outstanding value to humanity. This is embodied in an international treaty called the Convention Concerning the Protection of the World's Cultural and Natural Heritage, adopted by UNESCO in 1972.[4] Ratified by 176 States and with 812 (as of July 2005) cultural and natural sites inscribed on the World Heritage List, the Convention's role as the pre-eminent international legal tool for conservation is well established. The World Heritage Convention established a World Heritage Fund and centre to put into action principals stated in the 1972 convention.[5]

A private organization effective in confronting the problem of looting is the World Monuments Fund (WMF), which has its headquarters in New York City, with affiliates in France, Great Britain, Italy, Mexico, Portugal, and Spain. In addition to talking and writing about preservation, the WMF uses both financial resources and expertise to preserve and restore historic sites and monuments.[6]

Despite national and international laws, and the presence of organizations devoted to eradicating looting, the problem continues. The power to eliminate looting is in each individual. This begins with awareness and is manifest in ethical collecting. Museums take calls nearly every week from people who have brought artifacts into the country and want them identified. This is problematic for museums, given that authenticating antiquities often takes special skills, and because evaluating looted objects in market terms is unethical. It is often

hard for people to understand why this should be so. Nancy White, a noted archaeologist gives a good analogy, "We don't buy and sell body parts. And they are from only one body, while archaeological materials are part of the entire human past."[7]

The global movement of objects, ideas and people that we currently enjoy has created problems in many countries for the preservation of history. The quest to possess the past is strong, and is manifested in the desire to own a piece of that past. The past is collected as a souvenir purchased by a well-intentioned tourist and by the committed collector who requests particular objects to complete a collection. Both of these individuals can knowingly or unknowingly contribute to the destruction of the past by removing cultural treasures from their country and their context.

In practice, and despite occasional divergences in wording, Canadian laws impart a common intent: archaeology is important to Canada, and Canadians should not abuse their archaeological heritage any more than they would tear pages out of their family history books. Although the statutes governing archaeology continue to evolve, they are the essential framework for future efforts to protect and understand this important part of Canada's heritage.[8]

According to Canadian federal law, protected archaeological resources include all evidence of human occupation that comes out of the ground (or underwater). Everywhere but in Alberta, the law applies not only to such items in the ground, but on the ground (or even above the ground in Ontario and British Columbia, for old carvings in rock or trees). Under federal law, and in most provinces and territories[9] the law also protects paleontology. In Alberta, according to the Alberta Historical Resources Act, "A person who contravenes this Act or the regulations, the conditions of a permit, or a direction of the Minister under this Act is guilty of an offence and liable to a fine of not more than $50,000 or to imprisonment for a term of not more than one year or to both fine and imprisonment."[10]

The plunder of Peru's relics began with the Spanish conquest and has become part of Peru's culture, explained Miguel Mujica Gallo, owner of Lima's Gold Museum.[11] For centuries, graves were seen as mines to exploit and only in the past 30 years has legislation sought to control the traffic. It is no wonder Peru felt it needed to instigate legislation to protect its cultural property.

In 1938, in the greatest known plunder of the century, the owner of Batán Grande, (the very place where the Sicán Archaeological Project was later excavated) used a bulldozer to break open a pyramid and reportedly extracted 15 potato sacks full of gold artifacts.

Most artifacts smuggled out of Peru are sold to private collectors in Europe, the United States and Asia, whose numbers have burgeoned in the past 30 years. The combination of collector demand and peasant poverty makes it hard to stop the plunder. This looting of Peru's heritage grabbed world attention in 1987 when grave robbers discovered a royal Moche tomb filled with fabulous riches. Overnight the looters became rich, throwing lavish parties. But word of their newfound wealth got out and several months later a scientific team protected by police arrived to stop the theft.

Traffickers often smuggle artifacts out of Peru disguised as modern Indian-style crafts being legally exported. The latest threat is the internet sale of antiquities that has noticeably heightened the already severe problems created by the market for antiquities. The internet has facilitated an explosion in the number of people who can engage in this dubious trade, often with little concern about the enforcement of existing national and international laws. The buying and selling of Peruvian archaeological objects over the internet has created a new market that looters must supply.

Many top archaeological sites in Peru are now guarded by police, and looters face prison terms. But that is not enough to end the plunder. Peru's anti-looting law, passed 12 years ago, punishes people who loot tombs or smuggle artifacts out of Peru but not those who buy or possess looted pieces. That means collectors cannot be touched, and the demand for artifacts continues.

Removing artifacts without noting the context in which they were found robs us of historic knowledge. *Guaqueros* do not admit where they found looted objects. Revealing the origin of treasures would invite plunder by someone else or identify a place to be legitimately excavated. The result is that thousands of objects are misattributed to any number of known South American civilizations, most notably the Inca, and the history of ancient civilization is incorrect. Gerardo Reichel-Dolmatoff, the well known and most influential South American archaeologist and anthropologist wrote,

We are fated at the outset with a disconcerting fact: virtually none of the prehistoric objects at the Gold Museum came with any documentation about their exact geographical place of origin or any information about the specific conditions in which they were found. All we know is that they were removed from tombs and offering sites by *guaqueros* (tomb looters). So they are not strictly speaking archaeological finds, lacking as they do all data normally recorded in the context of controlled excavations. This means that they are just isolated pieces in time and space. Their metallurgical and technical characteristics can of course be studied by scientific methods. But any investigation beyond that into the significance of the objects, that is to say the craftsman's possible intention in making them, and the social norms that shaped his ideas, leads one inevitably into the realm of comparison and speculation.[12]

The great tragedy of this indiscriminate looting and plundering is that the entire record of past civilizations is being destroyed as collateral damage. The mining of archaeological sites to recover a small number of art-quality artifacts destroys enormous quantities of information about life in the past. Money cannot measure the loss. This is not a dispute between archaeologists and antiquities dealers over who gets possession of pretty objects from the past; it is about the loss of knowledge and educational opportunities.

The importance of this exhibition lies in the way these artifacts were discovered. All of the artifacts in the *Ancient Peru Unearthed* exhibition were obtained through the scientific excavation of the Sicán in the La Leche river valley. The Sicán Archaeological Project was one of the largest sustained archaeological excavations in South America, one that took place over almost 30 years.

Professor of Anthropology, Dr. Izumi Shimada, has uncovered a wealth of information on the social, cultural, political, and technological intricacies of the Sicán civilization that flourished over 1,000 years ago. Given Dr. Shimada's contribution to the understanding of this culture, the Peruvian President Alberto Fujimori asked Dr. Shimada to plan and design a museum that could permanently display the multi-faceted culture of the Sicán. The Sicán National Museum opened to the public in November, 2001 in Ferreñafe, northern Peru.[13] This is the foundation of our exhibition.

The Sicán Museum displays the artifacts and knowledge gained from excavations in the Poma Forest National Historical Sanctuary. The Sanctuary covers a 60 km square area including the capital of the Sicán culture in the La Leche valley. The museum, reflecting the holistic approach that Shimada took during the course of his excavations, is the home of the artifacts. Importantly, it places those artifacts in a regional context to ensure they are relevant both historically and contemporarily.

We are proud to bring this Canadian exhibition of the Sicán from two archaeologically excavated tombs. *Ancient Peru Unearthed* presents the hope for a future where the Sicán will take their rightful place in the pantheon of South American history. I hope for a day when the past we stand on will not be that of the pitted and plundered earth, but instead a solid landscape made strong through controlled and scientific exploration.

[1] Alva, Walter, Director of the Bruning Archaeological Museum in nearby Lambayeque in Kopp, D. 1997. "Archaeologists Battle Grave Robbers in Peru." *The Standard Times*, Massachusetts.

[2] "Ancient Iraqi Sites Show Theft, Destruction," *National Geographic News.* June 11, 2003: http://news.nationalgeographic.com: accessed April 11, 2006.

[3] ibid.

[4] A copy of the convention can be viewed at http://whc.unesco.org/world_he.html

[5] Bandarin, Francesco. Director, UNESCO World Heritage Centre in *Proceedings of Convention World Heritage 2002 shared legacy, common responsibility*.

[6] Wiseman, James. 1999. "The World's Most Endangered Sites." *Archaeology*, Volume 52, Number 6, November/December, 1999.

[7] White, Nancy. 2004. Introduction to Archaeology, *Nancy White, website http://www.indiana.edu/~arch/saa/matrix/ia.html.* Last updated: accessed April 11, 2006, Dept. of Anthropology, Indiana University Bloomington.

[8] *Parks Canada,* www.pc.gc.ca, accessed April 11, 2006.

[9] Explicitly in Alberta, Saskatchewan, Manitoba, Nova Scotia, Newfoundland and Labrador, and Yukon; implicitly in British Columbia and Prince Edward Island.

[10] *Alberta Historical Resources Act*, Chapter H- 9, Queen's Printer RSA (1980)52(1).

[11] Kopp, D. 1997. "Archaeologists Battle Grave Robbers in Peru," *The Standard Times*.

[12] Reichel-Dolmatoff, Gerardo. 1988. From *Goldwork and Shamanism: An Iconographic Study of the Gold Museum*, page 11. Editorial, Colina, Medellín, Colombia.

[13] Besides displaying the artifacts found at the excavations, the Sicán National Museum has an ambitious mandate to advance research and disseminate knowledge. The Sicán National Museum houses conservation facilities and space for visiting scholars to pursue their investigations. As a means of protecting and sustaining interest in the Poma Sanctuary, the Museum is also active in several outreach activities, including teaching local school teachers regional cultural identity. More can be learned about the Sicán National Museum at their official website: http://Sicán.perucultural.org.pe/

Les secrets de la tombe royale préhispanique du Sicán

Colleen Sharpe, conservatrice adjointe, The Nickle Arts Museum

← Gold Monkey cut out
PHOTO: Y.YOSHII/PAS

Découpage de singe en or
PHOTO : Y.YOSHII/PAS

→ Tomb Looting. Approximately a hundred thousand looters' holes mar the Sicán area in the Lambayeque Valley. These holes precipitate natural erosion. The cumulative effect of such damage greatly impairs archeological work. [Marilyn Bridges, *Tomb Looting Lambayeque Region,* 1991, black and white photograph, with permission of the artist.]
PHOTO: M.BRIDGES

Pillage de tombes. Quelque 100 000 puits, creusés par des pillards, viennent gâcher le paysage du Sicán, dans la vallée de Lambayeque, y accélérant ainsi les effets néfastes de l'érosion. La bonne marche des fouilles archéologiques s'en trouve grandement affectée. [Marilyn Bridges, *pillage de tombes, région de Lambayeque,* 1991, photographie en noir et blanc, avec la permission de l'artiste]
PHOTO : M.BRIDGES

L'archéologue déterre le passé, littéralement, à l'aide d'une pelle ou d'une truelle. Dans le cas de fouilles archéologiques, le passé est mis au jour lentement, patiemment. Ces fouilles révèlent, couche par couche, les liens et les associations qui nous permettent d'enrichir nos connaissances. À l'instar de l'enquêteur qui travaille sur les lieux d'un crime, l'archéologue ne laisse aucun détail ni aucune association d'objets lui échapper. Le passé, toujours intact, attend d'être découvert et partagé. Malheureusement, la valeur pécuniaire des trésors historiques pousse certaines personnes à les dérober sans prendre de précautions, parfois même sans ménagement, en utilisant bouldozeurs et tracteurs. C'est ce que l'on appelle du vol, du pillage de tombes. Au Pérou, ceux qui s'adonnent à cette activité sont surnommés « *guaqueros* ».

Les *guaqueros* sont directement liés au commerce illicite de plusieurs millions de dollars d'artefacts archéologiques laissés par les Incas et d'autres civilisations qui ont prospéré au Pérou avant la Conquête espagnole. Comme le faisait remarquer Walter Alva, directeur du Brüning Archaeological Museum : « Le trafic de trésors archéologiques du Pérou suit de près le trafic de drogues en matière de rentabilité, et les dommages causés à l'étude de notre passé sont inestimables.[1] »

Le pillage des trésors culturels de l'Iraq, qui a défrayé les manchettes en 2003, constitue un exemple de pillage international. Ces trésors avaient été dégotés dans des musées et dans le sol. Jonny George, directeur de l'Iraq Museum, avait alors déclaré : « Les pilleurs se sont infiltrés dans les galeries principales et dans les magasins, volant et saccageant tout ce qui se trouvait sur leur passage. » Environ 15 000 articles avaient ainsi été touchés par ces actes répréhensibles[2]. Selon une expédition archéologique de la National Geographic Society menée dans des lieux anciens et d'importants musées de l'Iraq, de récents pillages ont imposé des dommages importants à certains de ces sites. Des centaines de personnes pouvaient être aperçues en train de faire des fouilles illégales en maints endroits.

D'après Henry Wright, chef de l'expédition, il n'y a pas que les artefacts de l'Iraq Museum, à Bagdad, qu'on arrache au sol et qu'on exporte[3].

L'importance de l'exposition *Sicán: L'or du Pérou antique* tient des objets mêmes et de la façon dont ils ont été trouvés. Tous les artefacts présentés ont été découverts dans le cadre de fouilles archéologiques autorisées. C'est cette authenticité qui confère à ces trésors culturels le vrai pouvoir de séduire. Ces objets du Sicán sont connus et documentés. Comme bien d'autres musées, le Nickle Arts Museum se préoccupe de l'authenticité des artefacts et des principes déontologiques régissant les expositions présentées dans ces établissements. Sous l'égide d'organismes internationaux comme l'Organisation des Nations Unies pour l'éducation, la science et la culture (l'UNESCO), les musées font partie d'un réseau mondial qui possède la compétence de reconnaître non seulement la véritable nature d'un objet, mais également son origine.

L'UNESCO cherche à encourager l'identification, la protection et la conservation du patrimoine culturel et naturel à l'échelle mondiale, patrimoine considéré comme ayant une valeur exceptionnelle aux yeux de l'humanité. Ce principe est enchâssé dans un traité international, *Convention concernant la protection du patrimoine mondial, naturel et culturel,* adopté par l'organisme en 1972[4]. Le rôle de cette convention, qui a été ratifiée par 176 États et qui s'enorgueillit d'une liste du patrimoine mondial de 812 sites culturels et naturels (en date de juillet 2005), se veut celui d'un outil juridique international d'envergure bien établi en matière de conservation. La *Convention du patrimoine mondial* a donné lieu à l'établissement d'un Fonds du patrimoine mondial et d'un centre visant à mettre en œuvre les principes énoncés en 1972[5].

Le World Monuments Fund (WMF) est un organisme privé qui réussit à faire front au problème du pillage dans le monde. Son siège se trouve à New York et il compte des affiliés en France, en Grande-Bretagne, en Italie, au Mexique, au Portugal et en Espagne. En plus de traiter du sujet de la conservation, le WMF recourt à des ressources financières et à de l'expertise pour conserver et restaurer des lieux et des monuments historiques[6].

Malgré l'existence de lois nationales et internationales, et en dépit de la présence d'organismes voués à l'éradication du pillage, le problème persiste. Tout individu pourrait jouer un rôle en vue de l'éliminer. Cette volonté commence par la sensibilisation des gens et l'application d'un code de déontologie touchant les collections. Il est rare qu'une semaine se passe sans que les musées reçoivent des appels de gens qui ont apporté des artefacts au pays et qui veulent les faire identifier. Pour les musées, cela pose un problème puisque l'authentification des antiquités nécessite souvent des compétences particulières, sans compter que l'évaluation pécuniaire d'objets ayant fait l'objet de pillage est contraire aux principes déontologiques. Les gens ont souvent bien du mal à comprendre pourquoi il en est ainsi. Nancy White, archéologue de renom, présente cette analogie : « Nous n'achetons ni ne vendons pas de membres. Et ils ne proviennent que d'un seul corps, alors que le matériel archéologique fait partie du passé humain au grand complet.[7] »

Le déplacement, à travers la planète, d'objets, d'idées et de personnes que nous connaissons présentement a créé, dans de nombreux pays, des problèmes en matière de préservation de l'histoire. Le désir de posséder le passé est puissant et il se manifeste dans l'intention de s'en approprier une partie. Le passé est recueilli en gage de souvenir, tant par le touriste bien intentionné que par le collectionneur invétéré qui est à la recherche d'articles particuliers pour compléter une collection. Sciemment ou à leur insu, ces deux groupes peuvent contribuer à la destruction du passé en retirant des trésors culturels de leur pays et de leur contexte.

En pratique, et malgré certaines différences de formulation, les lois canadiennes émettent une intention commune : l'archéologie signifie beaucoup pour le pays. Aussi Canadiens et Canadiennes ne devraient-ils pas plus abuser de leur patrimoine archéologique qu'ils ne devraient déchirer les pages de leurs livres d'histoire de famille. Même si les lois régissant l'archéologie sont en constante évolution, elles constituent le cadre essentiel des efforts futurs visant à protéger et à comprendre cette partie importante du patrimoine canadien[8].

D'après les lois fédérales canadiennes, les ressources archéologiques faisant l'objet d'une protection sont toutes des preuves d'occupation humaine provenant du sol (ou du sous-sol marin). Partout, sauf en Alberta, la loi s'applique non seulement aux articles dissimulés dans le sol, mais également à sa surface – et même au-dessus du sol en Ontario et en Colombie-Britannique, en ce qui a trait à d'anciennes sculptures se trouvant dans des roches ou des arbres. Conformément à la loi fédérale, et à la loi de la plupart des provinces et territoires[9], la paléontologie fait également l'objet d'une protection. En Alberta, selon le *Alberta Historical Resources Act*, « ... la personne qui contrevient à cette loi ou à ses règlements, aux modalités d'un permis ou aux directives du Ministre en vertu de cette loi est coupable d'une infraction et passible d'une amende n'excédant pas 50 000 $, d'un emprisonnement dont la durée ne doit pas dépasser un an ou encore d'une amende et d'un emprisonnement [10]».

Le pillage des reliques du Pérou remonte à la Conquête espagnole et cette pratique fait maintenant partie intégrante de la culture du pays, explique Miguel Mujica Gallo, propriétaire du Museo de Oro de Lima[11]. Des siècles durant, les tombes ont été perçues comme des mines à exploiter. Ce n'est que pendant les trente dernières années que des lois ont été adoptées dans le but de réglementer le trafic d'artefacts. Il n'est donc pas étonnant que le Pérou ait ressenti le besoin de se doter de lois pour protéger ses biens culturels. En 1938, année à laquelle a eu lieu le plus grand pillage du siècle dernier, le propriétaire de Batan Grande (l'endroit même où les fouilles du projet archéologique du Sicán ont eu lieu plus tard) a recouru à un bouldozeur pour casser une pyramide de laquelle il aurait apparemment extrait suffisamment d'artefacts en or pour remplir 15 poches de pommes de terre.

La plupart des artefacts qui sortent du Pérou en contrebande sont vendus à des collectionneurs privés d'Europe, des États-Unis et d'Asie. Depuis trois décennies, le nombre de collectionneurs s'est multiplié. Étant donné la forte demande de ces gens, alliée à la pauvreté des paysans, il est difficile de mettre fin aux pillages. En 1987, un acte de pillage a fait les manchettes dans le monde entier quand des voleurs ont découvert une tombe royale de la culture mochica (appelée aussi *moche*) remplie de richesses fabuleuses. Dans le temps de le dire, les pillards se sont enrichis et se sont mis à organiser de somptueuses fêtes. Un jour, cette histoire s'est sue et, plusieurs mois plus tard, une équipe de scientifiques, protégée par la police, a pu mettre fin à la situation.

Souvent, les trafiquants réussissent à faire sortir les artefacts du Pérou en les faisant passer pour des pièces amérindiennes artisanales pouvant être exportées légalement. L'avènement d'Internet et la vente d'antiquités sur ce réseau ont aggravé la situation. Internet a donné lieu à la multiplication du nombre de personnes qui s'adonnent à ce commerce illicite et qui, souvent, ne se soucient guère des lois nationales et internationales. L'achat et la vente d'objets archéologiques péruviens sur Internet ont donné naissance à un autre marché que les pilleurs doivent alimenter.

De nos jours, de nombreux lieux archéologiques du Pérou sont surveillés par la police et les pilleurs sont passibles d'emprisonnement. Cela ne suffit toutefois pas à mettre fin à leurs activités illégales. La loi péruvienne contre le pillage, adoptée il y a douze ans, punit les individus qui vident les tombes ou sortent des artefacts du pays en contrebande. Par contre, la loi ne prévoit aucune disposition contre les personnes qui achètent ou possèdent des objets ayant fait l'objet de pillages. Par conséquent, les collectionneurs sont intouchables et la demande d'artefacts existe toujours.

Le fait d'enlever les artefacts de leur lieu d'origine sans prendre note du contexte dans lequel ils se trouvaient prive la société de connaissances historiques.

Les *guaqueros* n'avoueront jamais l'endroit où ils ont trouvé les objets dérobés, car s'ils faisaient ce genre de révélation, ils se trouveraient à inviter d'autres personnes à le piller ou à y permettre des fouilles officielles. C'est pourquoi des milliers d'objets sont attribués par erreur à n'importe quelle civilisation sud-américaine connue, le plus souvent celle des Incas. C'est ainsi que l'histoire des civilisations anciennes s'en trouve faussée. Gerardo Reichel-Dolmatoff, l'un des anthropologues les plus connus et les plus influents de l'Amérique du Sud, a écrit :

Aerial view of looters holes
near the Sicán ceremonial site,
Northern Peru.
PHOTO: IZUMI SHIMADA

Vue aérienne de trous laissés
par des pillards, près du site
cérémoniel du Sicán,
dans le Nord du Pérou
PHOTO : IZUMI SHIMADA

Au départ même, nous faisons face à un fait déconcertant : à peu près aucun des objets préhistoriques du Museo de Oro ne nous est parvenu avec de la documentation sur son lieu d'origine géographique exact ou avec de l'information sur les conditions particulières dans lesquelles il a été découvert. Tout ce que nous savons, c'est que ces objets ont été retirés de tombes et de lieux d'offrandes par des *guaqueros* (pilleurs de tombes). Par conséquent, ils ne sont pas strictement considérés comme des découvertes archéologiques, car ils ne sont pas assortis de toutes les données qui seraient normalement consignées dans le contexte de fouilles réglementées. Cela signifie qu'ils ne sont que des objets isolés dans le temps et le lieu. Certes, nous pouvons étudier leurs caractéristiques métallurgiques et techniques au moyen de méthodes scientifiques, mais toute étude plus poussée que cela, portant notamment sur la signification des objets, soit l'intention de l'artisan quand il a fabriqué ces objets et les normes sociales qui ont façonné ses idées, relève inévitablement du domaine de la comparaison et des conjectures.[12]

L'aspect attristant de ces pillages aveugles, c'est que le patrimoine entier de civilisations anciennes est détruit par le fait même. L'exploitation de lieux archéologiques dans le but d'y recouvrer de petites quantités d'artefacts de qualité artistique détruit d'énormes quantités de renseignements sur la vie telle qu'elle a été vécue par le passé. Cette perte est incalculable. Il ne s'agit pas d'un conflit entre archéologues et marchands d'antiquités pour déterminer à qui appartiendront de jolis objets d'époques anciennes, mais plutôt d'une perte de connaissances et d'occasions d'en apprendre plus sur le passé.

Cette exposition revêt une grande importance en raison de la manière dont les artefacts présentés ont été découverts. Tous ceux que présentent *Sicán: L'or du Pérou antique* sont le fruit de fouilles scientifiques du Sicán dans la vallée de la rivière La Leche. Le projet archéologique du Sicán, qui s'est échelonné sur près d'une trentaine d'années, a représenté l'une des plus grandes fouilles soutenues de l'Amérique du Sud.

Izumi Shimada, professeur d'anthropologie, a ainsi découvert une mine d'informations sur les subtilités sociales, culturelles, politiques et technologiques de la civilisation du Sicán qui a prospéré il y a plus de 1 000 ans. Puisque ce professeur avait joué un grand rôle dans la compréhension de cette culture, le président du Pérou, Alberto Fujimori, lui a demandé de planifier et de concevoir un musée qui pourrait présenter, en permanence, la culture aux facettes multiples du Sicán. C'est ainsi que le Museo nacional Sicán a été inauguré en novembre 2002, à Ferreñafe, dans le Nord du Pérou[13]. Il s'agit là du fondement de cette exposition.

Le Museo nacional Sicán présente les artefacts et les connaissances acquis au moyen des fouilles réalisées dans le sanctuaire historique national de la forêt de Poma. Ce sanctuaire s'étend sur une aire de 60 kilomètres carrés et comprend notamment la capitale de la culture du Sicán, dans la vallée de La Leche. Les artefacts sont logés à l'enseigne de ce musée, qui tient compte de l'approche holistique du professeur Shimada dans le cadre de ses fouilles. Fait tout aussi important, le musée permet de placer les artefacts dans un contexte régional, ce qui permet d'assurer leur pertinence, tant d'un point de vue historique que contemporain.

Le Nickle Arts Museum est fier de pouvoir présenter ces deux tombes du Sicán au Canada, dans le cadre de l'exposition *Sicán: L'or du Pérou antique,* qui se veut un espoir pour l'avenir, celui que le Sicán puisse prendre la place qui lui revient dans le panthéon de l'histoire de l'Amérique du Sud. J'espère qu'un de ces jours le passé sur lequel nous nous tenons ne sera pas celui d'une terre dépouillée et pillée, mais plutôt un paysage solide, renforcé par des explorations scientifiques et contrôlées.

[1] Alva, Walter. Directeur du Brüning Archaeological Museum près de Lambayeque dans Kopp, D. Archaeologists Battle Grave Robbers in Peru. *The Standard Times*, Massachusetts, 1997

[2] « Ancient Iraqi Sites Show Theft, Destruction », *National Geographic News*, 11 juin 2003, http://news.nationalgeographic.com : accédé le 11 avril 2006

[3] ibid.

[4] Un exemplaire de la convention est accessible à l'adresse http://whc.unesco.org/fr/home

[5] Bandarin, Francesco. Directeur du Centre du patrimoine mondial de l'UNESCO, *Proceedings of Convention World Heritage 2002 shared legacy, common responsibility*

[6] Wiseman, James. « The World's Most Endangered Sites », *Archaeology,* volume 52, numéro 6, novembre-décembre 1999

[7] White, Nancy. Introduction to Archaeology, *Nancy White, site Web http://www.indiana.edu/~arch/saa/matrix/ia.html.* Accédé le 11 avril, 2006, département d'anthropologie, Indiana University, Bloomington

[8] *Parcs Canada,* www.pc.gc.ca, accédé le 11 avril 2006

[9] Explicitement en Alberta, en Saskatchewan, au Manitoba, en Nouvelle-Écosse, à Terre-Neuve et au Labrador ainsi qu'au Yukon; implicitement en Colombie-Britannique et à l'Île-du-Prince-Édouard

[10] *Alberta Historical Resources Act*, chapitre H-9, Queen's Printer RSA (1980)52(1)

[11] Kopp, D. « Archaeologists Battle Grave Robbers in Peru », *The Standard Times*, 1997

[12] Reichel-Dolmatoff, Gerardo. Tiré de *Goldwork and Shamanism: An Iconographic Study of the Gold Museum,* page 11, 1988. Éditorial, Colina, Medellín, Colombie

[13] En plus de mettre en vedette les artefacts découverts dans le cadre des fouilles, le Museo Nacional Sicán a l'ambitieux mandat de faire avancer la recherche et de diffuser les connaissances. Le musée abrite des installations de conservation et des locaux qui sont mis à la disposition des chercheurs invités désireux d'approfondir leurs recherches. Aussi, dans le but de protéger le sanctuaire de la forêt de Poma et de soutenir l'intérêt porté à ce sanctuaire, le musée organise-t-il diverses activités de vulgarisation, dont l'enseignement, aux enseignants des écoles de la région, des principes de l'identité culturelle régionale. Le site Web http://Sican.perucultural.org.pe/ permet d'en apprendre plus sur ce musée.

The Historical Context of Sicán

Dr. J. Scott Raymond, Department of Archaeology, University of Calgary

**Mer des Caraïbes
Caribbean Sea**

Panama

Colombia

Ecuador

**Région de
Lambayeque
Region**

•Cajamarca

Peru

•Cuzco

South
America
Amérique
du Sud

**Pacific Ocean
Océan Pacifique**

Figure 1

Map of western South America.
MAP: J.SCOTT RAYMOND.

Carte de l'ouest de l'Amérique du Sud
DESSIN : J.SCOTT RAYMOND

Introduction

Peru is legendary for the quantities of gold and other precious minerals it contributed to the coffers of the Spanish Crown. In the years following Francisco Pizarro's conquest of the Inca Empire in 1533-35, hundreds of Spanish galleons burdened with gold plied the waters between Peru and Panama; the gold was transported across the isthmus and loaded on ships bound for Seville (fig. 1). Following his fortuitous capture of Atahualpa, the Inca emperor, Pizarro offered to set him free in exchange for a large room filled with gold. He then sent a crew of men on to Cuzco to strip the Inca capital of its gold. The men did indeed find plenty of gold. Sheets of gold covered temple walls, all of the major temples held gold and silver icons, and the terraces of the Temple of the Sun reportedly contained a garden in which all the plants were modeled from gold and silver. Whether Pizarro's room was ever filled with gold remains unclear, and it was a moot concern in any case since the Spanish never intended to free Atahualpa. It is clear, however, that given time, the room could have been filled several times over with gold objects.

While the Conquistadors were interested in acquiring gold solely for its monetary value, gold had no inherent economic value for the Andean people; for them the value lay in the symbolic significance of the objects that were made from gold. The Spaniards displayed no regard for Andean cultural values, melting down the hundreds of thousands of gold objects wrested from the Incas and converting them into ingots; this made it easier both to tally the value of the gold and to transport it. The Spanish Crown was entitled to a fifth of all the gold acquired, and its standing command was to bring back as much gold as humanly possible. The modern world is fortunate that the Spanish were unaware of what was probably the largest trove of gold objects: it lay buried on the north coast of Peru in the royal tombs of the pre-Inca civilization known today as Sicán.

The art of goldsmithing stretches back at least 4,000 years in Peru and continues to be practiced there today.

But it reached its apogee during the tenth and eleventh centuries A.D. under the Sicán culture, which was centered in the La Leche valley in the Lambayeque region of Peru's north coast (fig. 2). The Sicán artisans were highly skilled, innovative craftsmen; they created workshops that produced hundreds of thousands of gold artifacts. The Huaca Loro royal tomb, from which the objects of this exhibition derive, contained more than a ton of grave goods, most of which were made from precious metals, though some were just scraps. And this is just one of thousands of tombs that remained undisturbed in the region until looters began digging them up and selling the objects to collectors.

Looting became a lucrative pursuit in the 1930s as the market for Peruvian antiquities blossomed. Many of the gold artifacts found their way into museums in Europe and North America, all of them lacking the provenance information critical for understanding their cultural meaning. The scientific excavations directed by Dr. Izumi Shimada at Huaca Loro provided, for the first time, an opportunity to understand the cultural meaning of the Sicán artifacts.

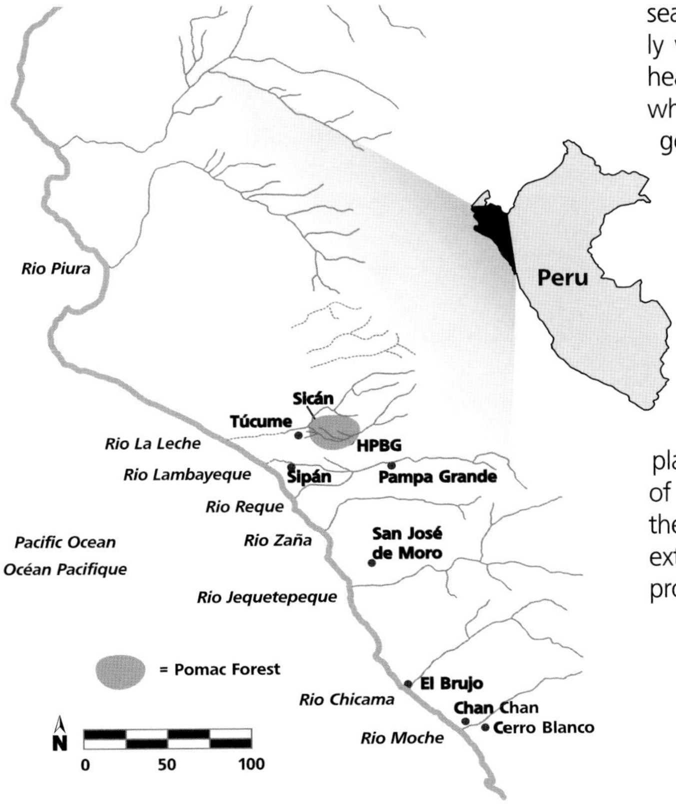

The Setting

Peru comprises three major geographical regions: the coast, the highlands, and the tropical forests of the upper Amazon. The Sicán culture developed in the northern coastal region. The coastal landscape, which stretches over 2,000 km from the northernmost part of Peru to the southern border with Chile, is largely barren desert. The monotony of the desert is interrupted by a number of small rivers, which, with the aid of irrigation, create a series of highly productive oases.

Today more than half the population of Peru is crowded into these river oases, which in total constitute less than one percent of the territory of Peru. In pre-Columbian times, the distribution of population was probably not skewed to the same extreme, but populations have been proportionately higher on the coast since the development of canal irrigation in the second millennium B.C. Since then, population density in the coastal valleys has been at least as high as anywhere else in the Americas.

The rivers in the area are not very long or voluminous. Some carry water throughout the year, others are highly seasonal, and still others carry water only in exceptionally wet years. The larger, more reliable rivers have their headwaters high in the western slopes of the Andes, where annual rainfall and snowfall occur. These rivers generally have developed broad fertile bottomlands in their middle and lower sections; the exceptions are those that have experienced repeated tectonic uplift of the landscape, in which case the valleys, even in their lower sections, are steep-sided with poorly developed bottomlands.

The northern coast has been blessed in that it contains ten large rivers, each of which, unimpeded by tectonic uplift, has developed an extensive plain. In the homeland of the Sicán culture, the foothills of the Andes are more distant from the seashore than they are to the south, and the irrigable lands therefore extend well inland, making this area one of Peru's most productive agricultural regions.

Figure 2

Map of Peru showing locations mentioned in the text.
MAP: J.SCOTT RAYMOND.

Carte du Pérou dénotant les emplacements mentionnés dans le texte.
DESSIN : J.SCOTT RAYMOND

15

The resource-poor desert also stands in contrast to the sea that bathes Peru's coast, which is one of the richest fisheries in the world. Ancient Peruvians began harvesting the bounty of the sea many thousands of years ago. Two critical technological developments enabled them to increase the size of their catches: the cultivation of cotton and the discovery that totora reeds could be bundled together to build small boats. Cotton, which shows up in the archaeological record as a cultivated crop more than 5,000 years ago, provided fiber for the manufacture of fishing nets. Nets constituted an important tool for catching a variety of fish species but were most important in the capture of small schooling fish such as anchovies. Timber for the construction of boats was scarce in the coastal desert, but the totora reeds growing along the estuaries provided an abundant renewable resource and were used in the construction of shelters and mats, as well as boats. The reed boats allowed the fishermen to venture off shore, where the schooling fish were more accessible. Surplus fish were dried, salted, and exchanged for agricultural produce with farmers living in the valleys.

The Andes stand as a backdrop to the coastal valleys, dividing into several mountain ranges as they pass through Peru. The highest range, the Cordillera Blanca, forms the continental divide, and throughout most of its length it rises abruptly above the coastal lowlands. A heavy fog (garua) blankets the coast for several months of the year, obscuring any view of the snow-capped peaks. The mountains, nevertheless, figured importantly in the lives of the coastal peoples. The rugged western slopes, though mostly barren, contain small valleys and gullies that create a mosaic of unique communities of plants and animals, some of which are represented in the iconography of the coastal cultures. Though the ascent up these slopes is formidable, it did not discourage travelers who were intent on making the journey. There is abundant evidence of contact and cultural influence between the coast and the highlands throughout the prehistoric period. The mountains backing the region just to the north of Lambayeque are lower and narrower than those to the south; the journey between the coastal desert and the tropical forests of the upper Amazon is therefore much shorter and less arduous than anywhere else along the coast. Today one of the major trans-Andean highways of Peru takes advantage of this natural route.

Rainless conditions normally prevail along the entire coast. What little precipitation there is comes from the fog that hangs over the area during the winter months of May through September. The northern parts of the coast may experience a light rainfall every few years, but the amount is relatively small. At rarer intervals, every 15 to 25 years, an El Niño event occurs with devastating economic consequences. During an El Niño, warm ocean currents from the equatorial regions override the normally cold waters off the Peruvian coast, producing torrential rains that flood the valleys, clog the irrigation canals, and destroy the agricultural fields. At the same time, the food base for the marine life is destroyed. Fish, seabirds, and sea mammals die en masse, and it sometimes takes years to restore the fisheries. The Sicán rulers, like their modern counterparts, must have been hard-pressed to cope with these crises and no doubt invoked trusted traditional rituals and images of supernatural beings to allay the fears of the lower classes.

The Cultural-Historical Context

Humans arrived in the Andean region toward the very end of the Ice Age. By 8,000 years ago, they were settled all along the coastal region from Ecuador to southern Chile. By 5,500 years ago, distinctive regional cultural patterns were evident along the Peruvian coast. On the north coast, the earliest iconographic images were engraved on gourds and painted on twined cotton textiles: the feline and raptorial bird representations on these objects anticipate the later iconographic traditions of the region.

Large, earthen platform mounds with spacious courtyards were built in the valleys of the central and north coast of Peru at the end of the third millennium B.C. These ceremonial complexes signaled the existence of leaders capable of commanding the participation of the populace in large public rituals. Half a millennium later, artisans had not only mastered the craft of pottery but were beginning to produce fancy, glossy vessels that were clearly reserved for sacred rituals. The ceremonial vessels were manufactured in distinctive bowl and bottle shapes, and were usually decorated with incised iconographic images. Stirrup-spout bottles, the most recognizable of these vessels, continued as principal ritual vessels in the north coast region up to the time of the European conquest.

During the first millennium B.C., a religious cult spread through the northern and central regions of Peru. Through its powerful religious imagery, the Chavin cult linked the Cupisnique culture of the Lambayeque region with the cultures of the neighbouring highlands and the central and south coastal regions of Peru. The Chavin religious specialists adopted many of the symbolic representations of Cupisnique and synthesized them with new images, most of which derived from Amazonian creatures like the cayman, the harpy eagle, and the jaguar. The iconography, to the extent that it can be understood, conveys myths about a supernatural world, one myth of the sky and one of the earth and water. Representations of humans with animal features suggest that the religious specialists had out-of-body experiences in which they believed they traveled to these supernatural worlds. The iconography was depicted in a variety of media but mainly on stone, pottery, and cloth, and at a scale ranging from large stone stelae to tiny pieces of jewelry. The gold-working of Chavin and Cupisnique presages that of the Sicán artisans, and much of it probably came from the Lambayeque region and the highlands to the east. Technological innovations achieved by the artisans at this time included sweat welding, soldering, and champlevé and repoussé decoration.[1]

Precious materials brought in from distant locations enhanced the prestige and authority of the Chavin leaders, reinforcing their claims to esoteric knowledge about distant places. Among these materials were *spondylus* and conch shells imported from Ecuador,[2]

and obsidian and cinnabar from sources in the southern Peruvian highlands.

The network of inter-regional connections that the Chavin cult comprised disintegrated toward the end of the first millennium B.C. The religious centers were abandoned, the creation of artifacts with the distinctive Chavin iconography ended, and precious materials from distant locations were no longer imported. The large populations that by now occupied the valleys of the north coast were organized into several independent polities. Early in the Christian Era a small polity in the Moche valley began to exert influence over its neighbours. By A.D. 450, the Moche polity had become a state-level society. After uniting with the polity in the neighbouring Chicama valley, the Moche had conquered and now controlled the populations of the three valleys to the south. They eventually extended the southern frontier to include two more valleys. Although the ideology of the Moche, as reflected in iconography, ceremonial objects, and rituals, spread north beyond the Lambayeque region, the northern polities appear to have remained independent from the Moche state.

At its capital, Cerro Blanco in the Moche valley, the Moche state built two enormous structures, known as the Temple of the Sun and the Temple of the Moon. The composite pyramidal Temple of the Sun is the largest adobe structure ever erected in the Andean region. The large scale of the public architecture and the division of Moche settlements into socially differentiated neighbourhoods clearly express a socially stratified society. Differences in the size of the tombs, and in the number and quality of the goods that they contained, attest to marked disparities in social status among individuals. Elaborate burials provide evidence for an elite royal class of rulers. Funerary rites are depicted repeatedly on the fancy stirrup-spout bottles of the Moche, showing the corpse of an important lord being lowered into a deep tomb. Some versions include many grave goods, the sacrifice of prisoners, and the collection of human blood. At the site of Sipán (not to be confused with Sicán) in the Lambayeque valley, an excavated

Moche burial reflects the details of these painted scenes: like the later Sicán tombs of the same region, the entombed individual was buried with precious metals and other objects of unprecedented quality, signifying his high status.

The production of symbolic objects, particularly in ceramics and metal, appears to have been under the control of the ruling class. The material representations of their ideology functioned as a means of communication among the elite throughout the north coast region and as a principal tool for legitimizing the privileged status of the upper classes.

The southern Moche hegemony began to crumble in the eighth century A.D., and the center of authority shifted north, from the Moche valley to the Lambayeque region. The old capital at Cerro Blanco was abandoned and colossal new mounds were constructed in the northern polities. At this time, an imperialistic state known as the Wari empire was consolidating control over most of the coastal and highland Peruvian regions south of the north coast. Wari influence on Moche can be seen in the rendering of some of the symbolic art, and although there is no evidence of conquest, such influence may have undermined the integrity of the ideology that had sustained the authority of the ruling classes for centuries.

Pampa Grande, a large city situated in the Lambayeque valley, became the new Moche capital. Covering more than six square kilometers, Pampa Grande exemplified the Moche tradition of building elaborate public ceremonial facilities. The core of the city was dominated by a huge, four-tiered earthen mound, replete with a ramp 500 m long and surmounted by courts and rooms adorned with painted murals. The northern Moche state, however, did not endure long. Toward the end of the eighth century, Pampa Grande was abandoned and burned, apparently by its inhabitants, who moved elsewhere. The causes of the fall of the Moche polity remain obscure, though there are indications that an environmental calamity may have been partly responsible.

The upheavals that followed the collapse of Pampa Grande led to the synthesis of the Sicán iconography and the development of its distinctive art style. Some highlanders moved to lower elevations along the western Andean slopes, introducing new symbolic elements; other elements were borrowed from the Wari empire, whose influence was beginning to wane. Painted geometric designs and stamped images replaced the narrative scenes painted on the ceramic vessels of the Moche tradition. Sombre grey and black vessels became more and more common. Stirrup-spout bottles, the principal libation vessels of the Moche, became less common, replaced by double-spouted bottles and bottles with strap handles.

A male figure, known today as the Sicán Deity, became the central icon (cover image); this icon is prominently represented on libation vessels, painted textiles, gold goblets, gold masks, and many other ritual artifacts. It has teardrop eyes and a beaked nose, and is often depicted with wings and taloned feet. The Sicán Deity may represent a legendary ancestor figure known as Naymlap. The early Spanish chronicles from the north coast record native accounts about the founders of a pre-Inca dynasty: Naymlap, accompanied by several wives and a large entourage of officials, is reputed to have arrived by balsa raft from across the sea, landing on the Lambayeque shore. He founded a large city, and his eldest son is said to have fathered 12 sons, each in turn founding a new city in the Lambayeque region. On his death, Naymlap, according to the legend, sprouted wings and flew off to another world.

The Naymlap lore can plausibly be associated with the development of Sicán — as an oral legend, it may have been used to legitimize the authority of the Sicán ruling class. Following the abandonment of Pampa Grande and the collapse of Moche control in the Lambayeque region, several new urban centers were established during the period A.D. 900–1100. Pre-eminent among these centers was that of Sicán, situated in the middle La Leche valley and protected today by the Historic Sanctuary of Pomac. The site of Sicán covers a huge area – the central core alone covers more than 160,000 hectares and contains 12 huge platform mounds, including that of Huaca Loro. The largest mounds are 40 m high and 100 m square at the base. The method of construction derived from a technique used at Pampa Grande: platforms were constructed sequentially on top of lower platforms, each platform consisting of a honeycomb of adobe-walled cells filled with trash and other available materials to construct the base for the next platform. At the top was an enclosed temple composed of a series of roofed terraces and courts. Surrounding these platform mounds were courts, storerooms, and workshops in which artisans produced the precious artifacts used by the rulers and priests to symbolically communicate the state ideology to the masses. The royal tombs were dug around the bases of and under the pyramids.

If the legends of Naymlap are interpreted literally, Sicán appears to have been a confederacy of city states. The archaeological research, however, has not yet progressed far enough to say how the many urban centers of the Sicán culture were ruled. The many mounds and thousands of tombs at Sicán and its surroundings within the Pomac Sanctuary suggest that it may have been more of a religious capital than a political or administrative center. The gold, copper, and silver used to make the sacred objects were obtained from neighbouring regions, but the emeralds, amber, cinnabar, sodalite, and other precious materials attest to a network of elite contacts that extended from Colombia in the north to the south highlands of Peru and the upper Amazon in the east.

In the years between A.D. 1020 and 1100, a sequence of events took place similar to those that had occurred at Pampa Grande more than 200 years earlier. Following a drought that lasted three decades, Sicán was burned and abandoned. In what is plausibly interpreted as a rejection of the rulers, brush was piled up against the temples and workshops atop the mounds, and the city was set afire. Shortly after the site was burned, a cataclysmic flood occurred, resulting from an enormous

El Niño event that destroyed agricultural fields and irrigation networks as far south as the Moche valley. By A.D. 1100, the center of power had moved to the site of Túcume (also known as El Purgatorio).

During the Late Sicán period (A.D. 1100–1375), artistry declined significantly. Images of the Sicán Deity and Lord were nearly purged from the iconography. The suite of ceremonial ceramic vessels, however, remained unchanged, and secondary iconographic images such as felines and birds continued to be represented as before. The tradition of constructing massive platform mounds continued at Túcume, and the Sicán nobility continued their reign over the Lambayeque region until it was conquered by the Kingdom of Chimor late in the 1300s. The Chimor conquerors removed most of the skilled artisans from the Lambayeque region and relocated them to their capital city, Chan Chan, in the Moche valley, where they produced precious objects for their new ruling class. When the Inca conquered Chimor a century later, most of the artisans and many of the gold artifacts were removed to Cuzco. The sacred icons of the Sicán culture, however, were safely stashed below ground with the bones of the ancient rulers. And in 1532, when the Spanish conquerors trekked through the Lambayeque region en route to their encounter with Atahualpa in Cajamarca, they were unaware of these treasures.

[1] Long before contact with Europeans, the ancient Chavin metalsmiths learned that when they placed the edges of metals together and applied high heat, the metals melted together. Their invention is referred to as sweat welding. They used this technique to produce three-dimensional objects of silver and gold.

Champlevé is a technique for decorating metal in which areas that have been hollowed out, as by incising, are filled with coloured enamel and fired.

Repoussé refers to metal that has been shaped or decorated with patterns in relief. These patterns are formed by hammering and pressing on the reverse side.

[2] *Spondylus* is a genus of bivalve mollusks, the only genus in the family *Spondylidae*. As well as being the systematic name, "*spondylus*" is the most often used common name for these animals, though they are also known as "thorny oysters" or "spiny oysters."

Le contexte historique du Sicán

J. Scott Raymond, Département d'archéologie, Université de Calgary

Ornament of the Sicán Lord.
PHOTO: Y.YOSHII/PAS

Ornement frontal à l'effigie
du seigneur du Sicán
PHOTO : Y.YOSHII/PAS

Introduction

Le Pérou est passé dans la légende par l'imposante quantité d'or et d'autres minéraux précieux qui a contribué à l'enrichissement des coffres de la Couronne d'Espagne. Dans les années ayant suivi la conquête de l'empira inca par Francisco Pizarro, de 1533 à 1535, des centaines de galions espagnols débordant d'or ont sillonné les eaux du Pérou et du Panama. Ces galions traversaient l'isthme, après quoi l'or était chargé à bord de navires à destination de Séville (figure 1). Après avoir capturé l'empereur inca Atahualpa, Pizarro lui offrit sa liberté en échange d'une chambre remplie d'or. Il envoya ensuite des membres d'équipage à Cuzco pour y prendre tout l'or imaginable. Les hommes en trouvèrent effectivement beaucoup. Les murs des temples étaient recouverts de feuilles d'or et tous les grands recelaient des icônes d'or et d'argent. Les terrasses du temple du Soleil s'enorgueillissaient apparemment d'un jardin dans lequel toutes les plantes étaient modelées à partir d'or et d'argent. À savoir si le désir de Pizarro d'obtenir une chambre remplie d'or s'est concrétisé ou non, cela importe peu, car l'Espagnol n'avait nullement l'intention de relâcher Atahualpa. Ce qui est évident, cependant, c'est qu'avec le temps la chambre en question aurait pu être remplie d'objets en or à maintes reprises.

Les conquistadors ne s'intéressaient à l'or que pour sa valeur pécuniaire, ce qui n'était pas le cas des Andins, qui appréciaient le précieux métal pour la signification symbolique des objets qu'ils en tiraient. Les Espagnols, ignorant les valeurs culturelles andines, faisaient fondre des centaines de milliers d'objets en or, arrachés aux Incas pour les transformer en lingots. Cela leur facilitait la tâche quand venait le temps d'évaluer ce métal et de le transporter. Puisque la Couronne espagnole avait droit au cinquième de tout l'or acquis, elle avait donné l'ordre de rapporter le plus d'or possible. Au grand bonheur du monde moderne, les Espagnols n'étaient pas au courant de la présence de ce qui était probablement le plus grand trésor d'objets en or. Ceux-ci étaient enterrés sur la côte septentrionale du Pérou, dans les tombes royales de la civilisation pré-inca, aujourd'hui connue sous le nom de Sicán.

L'art de l'orfèvrerie remonte à au moins 4 000 ans au Pérou et, de nos jours, il y est toujours pratiqué. Il a atteint son apogée aux Xe et XIe siècles sous la culture du Sicán dont le centre se trouvait dans la vallée de La Leche, dans la région de Lambayeque, sur la côte septentrionale du Pérou (figure 2). Les artisans du Sicán étaient à la fois fort habiles et innovateurs. Ils avaient fondé des ateliers à partir desquels ils fabriquaient des centaines de milliers d'artefacts en or. La tombe royale de Huaca Loro, d'où proviennent les objets de cette exposition, renfermait plus d'une tonne d'articles funéraires, en majeure partie composés de métaux précieux, même si certains n'étaient que des retailles. Elle n'est qu'une des milliers de tombes demeurées intactes dans la région, c'est-à-dire tant que les pilleurs n'entreprennent de les fouiller pour en vendre les objets à des collectionneurs. Dans les années 1930, le pillage était devenu une activité lucrative et le marché des antiquités péruviennes était en plein essor. Grand nombre d'artefacts en or ont alors abouti dans des musées d'Europe et d'Amérique du Nord, sans qu'aucun renseignement sur leur provenance et leur signification culturelle ne soit fourni. Les fouilles scientifiques dirigées par Izumi Shimada, à Huaca Loro, ont permis, pour la première fois, de comprendre la signification culturelle des artefacts du Sicán.

Le milieu

Le Pérou est divisé en trois grandes régions géographiques : la côte, les hautes-terres et les forêts tropicales de la partie supérieure de l'Amazone. La culture du Sicán reposait dans la région côtière septentrionale. Le paysage côtier, en grande partie composé d'un désert stérile, s'étend sur plus de 2 000 kilomètres, depuis l'extrémité nord du pays jusqu'à sa frontière du sud avec le Chili. La monotonie du désert est entrecoupée par quelques petits cours d'eau. Ceux-ci, grâce à des moyens d'irrigation, ont permis la création d'un

éventail d'oasis très productives. De nos jours, plus de la moitié de la population péruvienne s'entasse dans ces oasis qui représentent moins de un pour cent du tout le territoire du pays. À l'époque précolombienne, elle n'était probablement pas répartie de cette manière. Cela dit, les populations sont proportionnellement plus élevées sur la côte depuis l'aménagement d'un système d'irrigation par canaux au deuxième millénaire avant notre ère. Depuis lors, la densité de population dans les vallées côtières est tout au moins aussi élevée que n'importe où dans les Amériques.

Les rivières de la région ne sont ni longues, ni volumineuses. Certaines transportent de l'eau l'année durant tandis que d'autres ne sont que saisonnières, et que d'autres encore ne sont gonflées d'eau que pendant les années de fortes précipitations. Les rivières les plus grosses, et par conséquent les plus fiables, prennent leur source dans les pentes occidentales élevées des Andes, qui reçoivent des précipitations annuelles sous la forme de pluie et de neige. En général, elles ont donné lieu à la formation de terres basses, vastes et fertiles, dans leurs sections centrales et inférieures. Il y a des exceptions, car certaines sont témoins de soulèvements tectoniques répétés du paysage. Dans le cas des vallées où se profilent ces rivières, les basses terres sont escarpées et mal développées, même dans les sections inférieures.

La côte septentrionale est privilégiée, car dix grands cours d'eau y coulent. Aucun n'a connu de soulèvements tectoniques, ce qui a donné lieu à la formation d'une vaste plaine. Au cœur de la culture du Sicán, les piémonts des Andes se dressent plus loin de la côte qu'au sud, où les terres irrigables s'étendent davantage à l'intérieur, ce qui en fait l'une des régions agricoles les plus productives.

Le désert, pauvre en ressources, contraste avec la mer qui baigne la côte du Pérou, l'un des lieux de pêche les plus riches au monde. Les Péruviens profitent de la générosité de la mer depuis des milliers d'années. Deux progrès techniques importants leur ont permis d'augmenter leurs prises : la culture du coton et la découverte du fait que le *totora* (roseau) pouvait être assemblé pour fabriquer de petites embarcations. Selon les données archéologiques, la culture du coton remonte à il y a plus de 5 000 ans. Elle a donné naissance à la fibre nécessaire à la confection de filets de pêche qui jouaient un grand rôle dans la prise de diverses espèces de poisson, surtout celle comme les anchois. Dans le désert côtier, le bois d'œuvre pour la construction d'embarcations se faisait rare, mais le *totora* poussant le long des estuaires représentait une ressource renouvelable abondante et servait à la fabrication d'abris, de tapis et de petits bateaux. Ces embarcations en *totora* permettaient aux pêcheurs de s'aventurer au large, où les bancs de poissons étaient plus accessibles. L'excédent de poisson était séché, salé et échangé contre des produits de la terre avec les agriculteurs des vallées.

Les Andes, qui s'élèvent en arrière-plan des vallées côtières, se séparent en plusieurs chaînes en traversant le Pérou. La chaîne la plus élevée, la Cordillera Blanca, constitue la ligne de partage des eaux. Presque tout le long de cette chaîne, les montagnes s'élèvent abruptement au-dessus des basses terres côtières. Pendant plusieurs mois de l'année, un brouillard dense (*garua*) recouvre la côte, ce qui a pour effet de dissimuler les sommets enneigés des montagnes. Néanmoins, depuis longtemps, celles-ci jouent un grand rôle dans la vie des peuples côtiers. Bien que les versants occidentaux accidentés soient principalement dénudés, ils recèlent de petites vallées et des ravins qui forment une mosaïque composée de plantes et d'animaux uniques. Certains d'entre eux sont illustrés dans l'iconographie des cultures côtières. Même si l'ascension des montagnes est pénible, cela ne décourageait pas les voyageurs qui avaient l'intention de se rendre au sommet. Nombreuses sont les preuves de l'existence de contacts et d'une certaine influence culturelle entre la côte et les hautes terres pendant la période préhistorique. Les montagnes s'adossant à la région juste au nord de Lambayeque sont plus basses et plus étroites que celles du Sud. Par conséquent, le trajet entre le désert côtier et

les forêts tropicales de la partie supérieure de l'Amazone est beaucoup plus court et moins ardu que tout autre trajet le long de la côte. Aujourd'hui, l'une des principales autoroutes transandines du Pérou emprunte cette voie naturelle.

Normalement, il ne pleut pas le long de la côte. Le peu de précipitations qu'il y a provient du brouillard, suspendu au-dessus de la région pendant les mois d'hiver, de mai à septembre. Les zones côtières les plus au nord peuvent enregistrer un peu de pluie à intervalles de quelques années, mais les quantités sont négligeables. Puis, plus rarement, tous les 15 à 25 ans, *El Niño* sévit et engendre souvent des conséquences dévastatrices. Lors de son passage, les courants chauds de l'océan des régions équatoriales prennent le dessus sur les eaux normalement froides de la côte péruvienne, ce qui provoque des pluies torrentielles qui inondent les vallées, bouchent les canaux d'irrigation et détruisent les zones agricoles. Les sources alimentaires de la vie marine se trouvent ainsi anéanties, ce qui fait mourir poissons, oiseaux aquatiques et mammifères marins en masse. Il faut parfois des années avant que les pêcheries reviennent comme avant. Les gouverneurs du Sicán, à l'instar de leurs homologues des temps modernes, doivent avoir eu du mal à se relever de ces crises. Ils devaient, indubitablement, invoquer des images et des rituels d'êtres surnaturels traditionnels pour contrer les craintes des classes inférieures.

Le contexte culturel historique

L'être humain aurait foulé la région andine vers la toute fin de l'époque glaciaire. Il y a 8 000 ans, les êtres humains se sont installés tout le long de la zone côtière, de l'Équateur au sud du Chili. Il y a 5 500 ans, des tendances culturelles régionales distinctes se sont dessinées le long de la côte péruvienne. Sur la partie septentrionale, les premières images iconographiques étaient gravées sur des gourdes et peintes sur des tissus en coton tressé. Les représentations de félins et d'oiseaux rapaces sur ces objets laissent deviner les traditions iconographiques qui surgiront plus tard dans la région.

À la fin du troisième millénaire précédant notre ère, de grandes plateformes en terre, à l'aspect de monticules et agrémentées de vastes cours, furent édifiées dans les vallées de la côte centrale et septentrionale du Pérou. Ces complexes cérémoniels signalent l'existence de chefs capables d'amener le peuple à participer à de grands rituels publics. Cinq siècles plus tard, les artisans avaient non seulement maîtrisé l'art de la poterie, mais également commencé à produire des récipients sophistiqués et polis. Ceux-ci étaient, sans l'ombre d'un doute, réservés aux rituels sacrés. Créés en forme de bouteilles et de bols distinctifs, ils étaient habituellement décorés d'images gravées. Les bouteilles à anse-goulot en étrier sont les récipients les plus reconnaissables de cette époque. Dans la région de la côte septentrionale, ils étaient toujours fabriqués au moment de la conquête européenne.

Au cours du premier millénaire avant notre ère, un culte religieux se répandit dans les régions du Nord et du Centre du Pérou. Au moyen de son imagerie religieuse puissante, le culte de Chavín réussit à lier la culture du Cupisnique de la région de Lambayeque à celles des hautes terres avoisinantes et des régions côtières du Centre et du Sud du Pérou. Les spécialistes religieux du Chavín avaient adopté grand nombre des représentations symboliques du Cupisnique dont ils ont fait la synthèse avec de nouvelles images. La plupart étaient dérivées de créatures amazoniennes comme le caïman, la harpie féroce et le jaguar. L'iconographie, dans la mesure où nous réussissons à la comprendre, illustre des mythes concernant un monde surnaturel, un mythe relié au ciel et un autre à la terre et à l'eau. Les représentations d'êtres humains dotés de caractéristiques animales laissent supposer que les spécialistes religieux avaient l'impression de sortir de leur propre corps et de voyager dans ces mondes surnaturels. L'iconographie a été exécutée sur plusieurs supports, mais surtout sur de la pierre, de la poterie et du tissu, tantôt sur de grandes surfaces et tantôt sur de petits bijoux. L'orfèvrerie du Chavín et du Cupisnique donne à penser qu'elle serait l'œuvre d'artisans du Sicán, fort probablement de la région de Lambayeque et des hautes terres sises à l'Est. La soudure, le brasage ainsi que les décorations en champlevé et en repoussé comptent parmi les innovations technologiques réalisées par les artisans de l'époque[1].

Les matériaux précieux puisés dans de lointaines régions rehaussaient le prestige et l'autorité des chefs du Chavín en leur permettant de consolider leur prétention de posséder des connaissances ésotériques sur des lieux éloignés. Ces importations comprenaient, entre autres, des coquillages de *spondylus* et de conques importés de l'Équateur,[2] ainsi que de l'obsidienne et du cinabre provenant des hautes terres du Sud du Pérou.

Vers la fin du premier millénaire avant notre ère, le réseau de liens interrégionaux caractéristique du culte de Chavín s'est effondré. Les centres religieux furent abandonnés et la création d'artefacts à l'image distinctive de Chavín prit fin, tout comme l'importation de matériaux précieux. Les grandes populations qui occupaient alors les vallées de la côte septentrionale furent organisées en plusieurs régimes indépendants. Vers le début de notre ère, un petit régime de la vallée de Moche se mit à exercer une influence sur ses voisins. Vers l'an 450, le régime se transforma en société d'État. Après s'être alliée au régime de la vallée avoisinante de Chicama, la culture mochica avait envahi les populations des trois vallées au Sud et contrôlait ces régions. Au bout du compte, la frontière sud fut repoussée au point d'inclure deux autres vallées. Même si l'idéologie de la culture mochica, telle qu'illustrée dans l'iconographie, les objets cérémoniels et les rituels, s'étendit au nord de la région de Lambayeque, les régimes du Nord donnent l'impression de ne pas s'être joints à l'État mochica.

À Cerro Blanco, sa capitale située dans la vallée de Moche, l'État avait fait construire deux ouvrages énormes : le temple du Soleil et celui de la Lune. La pyramide composite du premier est la plus grande structure en adobe jamais érigée dans la région andine. L'architecture publique à grande échelle et la division de peuplements mochica en voisinages différenciés sur le plan social laissent facilement entrevoir la possibilité d'une société stratifiée. La différence caractérisant la taille des tombes, ainsi que le nombre d'objets qu'elles contenaient, et leur qualité, attestent de disparités marquées du statut social des individus. Les funérailles élaborées attestent de la présence d'une classe de gouvernants faisant partie de l'élite royale. Les rites funéraires sont illustrés à répétition sur des bouteilles à anse-goulot en étrier sophistiquées de la culture mochica, montrant la descente, dans une tombe profonde, de la dépouille d'un seigneur. Certaines versions comprennent de nombreux biens funéraires, le sacrifice de prisonniers et la collecte de sang humain. À l'emplacement du Sipán (à ne pas confondre avec le Sicán), dans la vallée de Lambayeque, la tombe excavée d'un enterrement mochica laisse entrevoir les détails de ces scènes peintes. Tout comme les tombes du Sicán de cette même région, établies plus tard, la personne était enterrée avec des métaux précieux et d'autres objets d'une qualité incomparable, gages de son statut élevé.

La fabrication d'objets symboliques, surtout en céramique et en métal, semble avoir été régie par la classe gouvernante. Les représentations matérielles de son idéologie servaient de moyen de communication, parmi l'élite de toute la région côtière septentrionale, et d'outil principal pour légitimer le statut privilégié des classes supérieures.

L'hégémonie de la culture mochica du Sud a commencé à s'effriter au VIIIᵉ siècle. C'est alors que le centre du pouvoir est passé au Nord, depuis la vallée de Moche jusqu'à la région de Lambayeque. L'ancienne capitale, Cerro Blanco, fut abandonnée et de nouveaux monticules colossaux furent construits sous les régimes du Nord. À cette époque, un État connu sous le nom d'Empire wari consolidait son emprise sur une grande partie des régions péruviennes de la côte et des hautes terres, au sud de la côte septentrionale. L'influence de l'Empire wari sur la culture mochica peut parfois être décelable dans l'interprétation de l'art symbolique. Même si rien n'indique que ce peuple a été conquis, cette influence pourrait avoir sapé l'idéologie préconisée par l'autorité des classes gouvernantes pendant des siècles.

Pampa Grande, grande ville de la vallée de Lambayeque, finit par devenir la nouvelle capitale mochica. S'étendant sur plus de six kilomètres carrés, Pampa Grande exemplifiait la tradition mochica qui consistait à construire des installations cérémonielles publiques des plus élaborées. Le centre de la ville était dominé par un énorme monticule de terre à quatre paliers. Il comprenait notamment une passerelle de 500 mètres de long, surmontée de cours et de salles décorés de murales peintes. L'État mochica du Nord n'a cependant pas duré. Ainsi, vers la fin du VIIIᵉ siècle, il semblerait que les habitants de Pampa Grande aient incendié et abandonné leur ville pour aller s'installer ailleurs. Les causes de la déchéance de ce régime demeurent obscures, bien que certains indices nous laissent croire qu'un désastre environnemental y aurait été pour quelque chose.

Le branle-bas qui suivit l'effondrement de Pampa Grande a mena à la synthèse de l'iconographie du Sicán et à l'élaboration de son style artistique distinct. C'est à ce moment-là que certains montagnards décidèrent de s'installer plus bas, le long des pentes andines, en prenant soin d'apporter avec eux de nouveaux éléments symboliques. Puis, d'autres éléments furent empruntés à l'Empire wari dont l'influence commençait à se dissiper. C'est ainsi que des motifs géométriques peints et des images estampées sont venus remplacer les scènes narratives sur les récipients en céramique de la tradition mochica. Les récipients d'un gris foncé et noirs devinrent populaires. Les bouteilles à anse-goulot en étrier, le principal récipient de libation de la culture mochica, disparurent peu à peu, remplacées par des bouteilles à goulot double et des bouteilles à anse en forme de sangle.

Une figure male, connue de nos jours sous le nom de « divinité du Sicán », est devenue l'icône centrale (image en couverture), et apparaît, bien en évidence, sur de nombreux artéfacts rituels : récipients de libation, tissus peints, gobelets, masques en or, etc. Ses yeux sont profilés en goutte d'eau et son nez adopte la forme d'un bec. Elle a souvent des ailes et des serres. Il se peut que la divinité du Sicán soit à l'image d'un ancêtre légendaire connu sous le nom de Naymlap. Les premiers chroniqueurs espagnols de la côte septentrionale ont consigné les récits des Autochtones à propos des fondateurs d'une dynastie pré-inca. Naymlap, accompagné de plusieurs épouses et d'un entourage nombreux de représentants officiels, aurait accosté sur la rive de Lambayeque après avoir traversé la mer sur des radeaux de balsa. Il fonda une grande ville. Son fils aîné aurait eu 12 fils, dont chacun d'entre eux aurait fondé une nouvelle ville dans la région de Lambayeque. D'après la légende, à la mort de Naymlap, des ailes lui ont poussé, ce qui lui a permis de s'envoler vers un autre monde.

La tradition de Naymlap pourrait fort probablement être liée au développement du Sicán. Puisque la légende orale circulait, elle aurait bien pu être utilisée pour légitimer l'autorité de la classe gouvernante du Sicán. Après l'abandon de Pampa Grande et l'effondrement de l'emprise de la culture mochica dans la région de Lambayeque, plusieurs centres urbains furent créés de 900 à 1100. Le centre du Sicán, situé au milieu de la vallée de La Leche, prédominait sur tous les autres. De nos jours, il est protégé par le sanctuaire historique de Pomac. Le site du Sicán est vaste : son centre couvre, à lui seul, plus de 160 000 hectares et comprend 12 énormes monticules plats, dont celui de Huaca Loro. Les plus élevés atteignent 40 mètres et mesurent 100 mètres carrés à la base. La méthode utilisée pour leur construction est l'adaptation d'une technique déjà utilisée à Pampa Grande. Ainsi, les plateformes étaient construites de manière séquentielle par-dessus les plateformes plus basses. Chacune était composée d'alvéoles aux murs en adobe remplies de rebuts et d'autres matériaux afin de servir de base à la suivante. Au sommet se trouvait un temple couvert, composé d'une série de terrasses et de cours couvertes. Autour des monticules étaient aménagés des cours, des chambres d'entreposage et des ateliers où les artisans fabriquaient les précieux artefacts dont se servaient les gouvernants et les prêtres pour communiquer, de manière symbolique, l'état de l'idéologie aux masses. Les tombes royales étaient creusées le long des bases et sous les pyramides.

Si les légendes de Naymlap sont interprétées littéralement, le Sicán aurait été représenté par une confédération d'États. Cela dit, les recherches archéologiques ne sont pas encore assez poussées pour savoir comment les divers centres urbains de la culture sicán étaient gouvernés. Les nombreux monticules et les milliers de tombes du Sicán et des environs, dans la région du sanctuaire de Pomac, laissent supposer qu'il s'agissait plutôt d'une capitale religieuse que d'un centre politique ou administratif. L'or, le cuivre et l'argent ayant servi à la fabrication des objets sacrés provenaient des régions avoisinantes. Les émeraudes, l'ambre, le cinabre, la sodalite et d'autres matières précieuses attestent de l'existence d'un réseau de ressources avec l'élite s'étendant de la Colombie, au Nord, jusqu'aux hautes terres du Sud du Pérou et à la partie supérieure de l'Amazone, à l'Est.

Entre l'an 1020 et 1100 survinrent des événements rappelant ceux qui s'étaient passés à Pampa Grande, plus de deux siècles auparavant. Après qu'une sécheresse eut sévi pendant trois décennies, le centre du Sicán fut incendié et abandonné. Il est plausible que cet acte puisse être interprété comme le rejet des gouvernants. On entassa des broussailles autour des temples et des ateliers surmontant les monticules, et on mit le feu à la ville. Peu après, une inondation d'ampleur cataclysmique se produisit. Il s'agissait d'un gigantesque *El Niño* qui détruisit les terres agricoles et les réseaux d'irrigation jusqu'à la vallée de Moche, au Sud. Vers l'an 1100, le centre du pouvoir fut transféré à Túcume — aussi connu sous le nom de El Purgatorio.

Au cours du Sicán récent (de 1100 à 1375) l'expression artistique eut moins d'importance, au point où les images de la divinité et du seigneur du Sicán disparurent pratiquement de l'iconographie. Par contre, l'éventail de récipients cérémoniels en céramique demeura et les images iconographiques secondaires, telles que celles de félins et d'oiseaux, continuèrent d'être représentées comme avant. La tradition consistant à construire des monticules massifs en forme de plateformes se poursuivit à Túcume et la noblesse du

Sicán régna sur la région de Lambayeque jusqu'à sa conquête par le royaume de Chimor, vers la fin des années 1300. Ces conquérants amenèrent tous les artisans chevronnés de la région de Lambayeque dans leur capitale, Chan Chan, située dans la vallée de Moche. Là, les artisans produisirent des objets précieux pour leur nouvelle classe gouvernante. Lorsque les Incas conquirent la civilisation du Chimor, un siècle plus tard, la plupart des artisans et de nombreux artefacts en or ont été déplacés à Cuzco. Les icônes sacrées de la culture du Sicán avait toutefois été dissimulées, en toute sécurité, sous la terre, avec les ossements des anciens gouvernants. Puis, en 1532, quand les conquérants espagnols foulèrent le sol de la région de Lambayeque, en route pour aller trouver Atahualpa à Cajamarca, ils étaient loin de se douter de l'existence de ces trésors.

[1] Bien avant l'arrivée de la civilisation européenne, les anciens travailleurs de métal du Chavin savaient que, lorsqu'ils plaçaient les rebords côte à côte et qu'ils appliquaient beaucoup de chaleur, les métaux fondaient ensemble. C'était une forme de soudure. Cette technique leur permettait de produire des objets à trois dimensions en argent et en or. Le champlevé est une technique de décoration du métal consistant à remplir d'émail de couleur les parties qui ont été vidées ou gravées, puis à faire cuire le tout. Le repoussé fait allusion à un métal qui a été façonné ou décoré à l'aide de motifs en relief. Ces motifs sont formés en donnant des coups de marteau et en exerçant de la pression du côté opposé.

[2] Le *spondylus* est un genre de mollusque bivalve, le seul de la famille *Spondylidae*. En plus d'être le nom systématique, « *spondylus* » est souvent le nom commun le plus fréquemment employé pour ces mollusques, qui sont aussi connus sous le nom d'« huître épineuse » ou de « spondyle pied d'âne ».

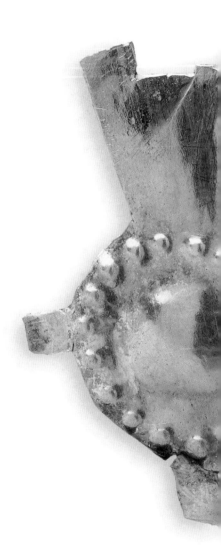

The Sicán Deity. Detail of a removable forehead piece used with the Sicán Lord headdress.
PHOTO: Y. YOSHII/PAS

La divinité du Sicán. Détail de l'ornement frontal amovible, complément de la coiffe du seigneur du Sicán
PHOTO : Y. YOSHII/PAS

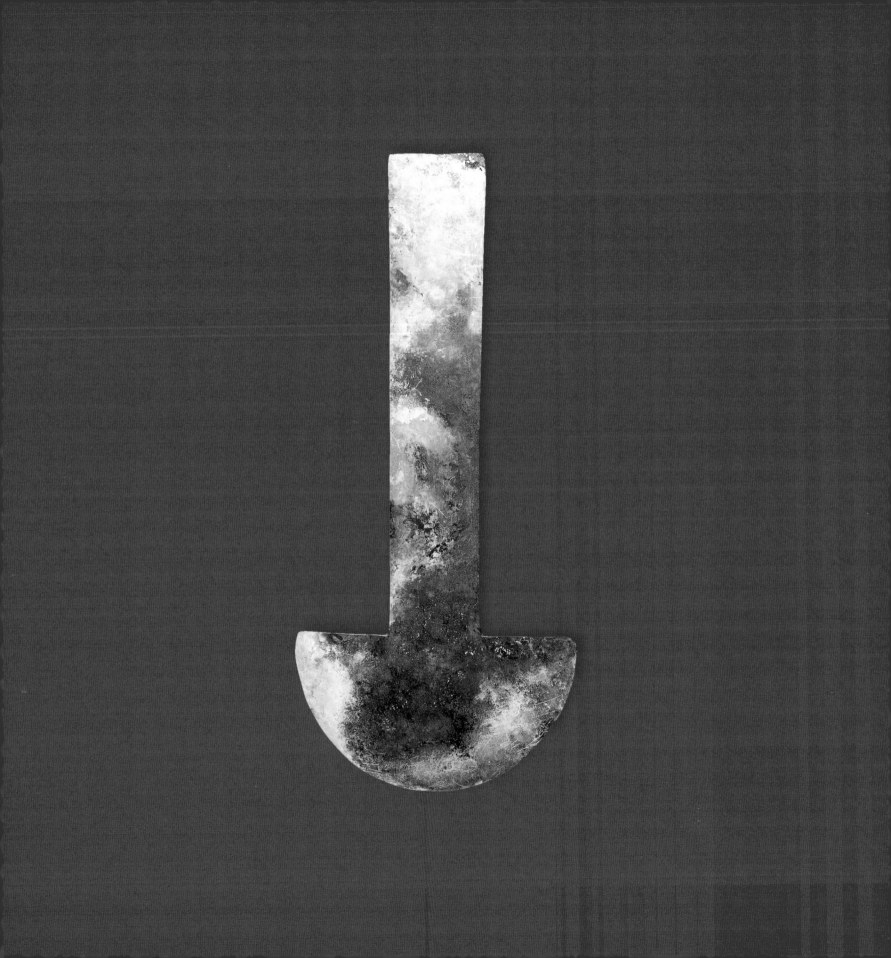

← Silver *tumi* knife, hammered silver laminate with small percentage of gold.
PHOTO: Y.YOSHII/PAS

Couteau *tumi*. Laminé d'argent martelé, recouvert d'une mince couche à faible carat
PHOTO : Y.YOSHII/PAS

→ Cones/bells.
PHOTO: Y.YOSHII/PAS

Cônes ou clochettes
PHOTO : Y.YOSHII/PAS

← Gold crown with geometric
pattern. The symbols on the crown
represent ocean waves and sea birds.
The crown is mounted on modern
cloth background.
PHOTO: Y.YOSHII/PAS

Couronne en or, à motif
géométrique. Les symboles
y représentent des vagues et
des oiseaux de mer. La couronne
est montée sur une pièce de
tissu moderne.
PHOTO : Y.YOSHII/PAS

→ Gold crown, one of several
crowns found in the Sicán Lord's
tomb. Decoration of
geometric step pattern.
PHOTO: Y.YOSHII/PAS

Couronne en or. L'une des
nombreuses couronnes trouvées
dans la tombe du seigneur
de Sicán. Composition géométrique,
motif en escalier
PHOTO : Y.YOSHII/PAS

← Laminate gold sheets.
Three laminate sheets of gold
alloy attached by metal staples.
PHOTO: Y.YOSHII/PAS

Trois feuilles d'or laminées,
retenues par des agrafes
PHOTO : Y.YOSHII/PAS

→ Gold crown, decoration
of geometric perforations.
PHOTO: Y.YOSHII/PAS LINES.

Couronne en or, décorée
de perforations et de lignes
géométriques
PHOTO : Y.YOSHII/PAS

↑ Amber beads. The beads are perforated, rounded and flattened. Several of these strands were found in the excavation.
PHOTO: Y.YOSHII/PAS

Perles ambrées, percées, arrondies et aplaties. Plusieurs rangs en furent découverts lors d'une excavation.
PHOTO : Y.YOSHII/PAS

← Conglomeration of shell, turquoise and crystal beads found on the Sicán Lord's chest.
PHOTO: Y.YOSHII/PAS

Agglomérat de coquilles, de turquoises et perles de cristal, trouvé sur la poitrine du seigneur du Sicán
PHOTO : Y.YOSHII/PAS

→ Conglomeration of beads as it was uncovered in the excavation.
PHOTO: IZUMI SHIMADA

Agglomérat de perles tel que découvert lors d'une excavation.
PHOTO : IZUMI SHIMADA

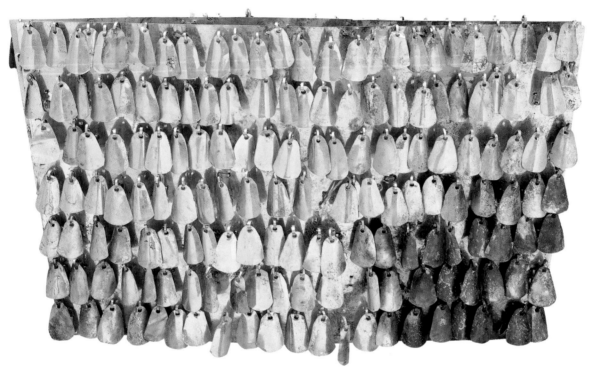

← Gold ornament with seven rows of tear shaped hanging pieces.
PHOTO: Y.YOSHII/PAS

Parure en or constituée de sept rangs de pièces en forme de larmes
PHOTO : Y.YOSHII/PAS

→ Gold rattle, gold tube made from several pieces that have been attached by proto-brazing. Ornamented by horizontal bands with hanging tear shaped pieces and topped by ornamental crescent shapes. **PHOTO: Y.YOSHII/PAS**

Hochet en or, orné de bandes constituées de larmes suspendues, disposées à l'horizontale et surmontées de petites décorations en forme de croissants. Le cylindre est fait de plusieurs pièces réunies par brasage tendre.
PHOTO : Y.YOSHII/PAS

36

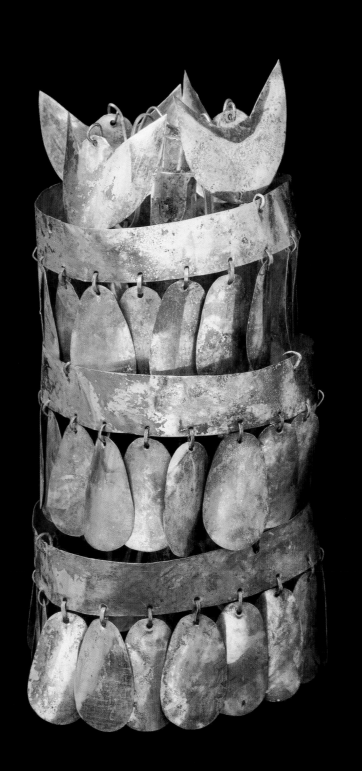

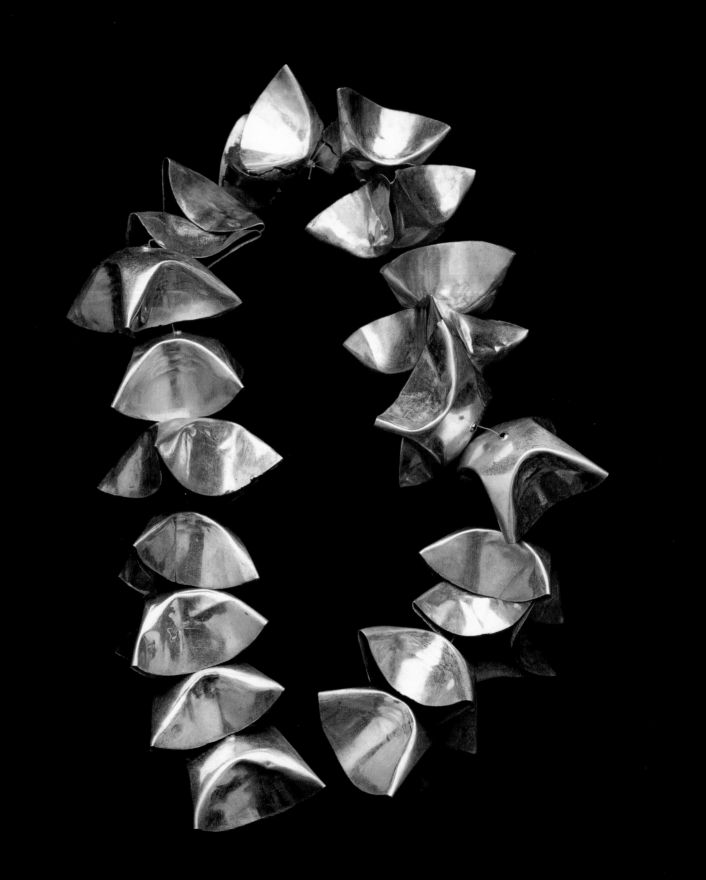

← Gold bells, a common
feature in Sican objects are
concepts of colour, light and
sound. These gold bells are
one example of an object
that would have created
noise when worn.
PHOTO: Y.YOSHII/PAS

Clochettes en or. Couleur,
lumière et son constituent
des caractéristiques
communes des objets du Sicán.
Ces clochettes illustrent bien
le type d'articles destinés à
produire des sons quand
on les portait.
PHOTO : Y.YOSHII/PAS

→ Inner disc, attachment for
a standard, ornamented with
small discs attached by
gold wires.
PHOTO: Y.YOSHII/PAS

Disque interne, partie
d'un étendard, orné de
petits disques attachés
à l'aide de fil d'or
PHOTO : Y.YOSHII/PAS

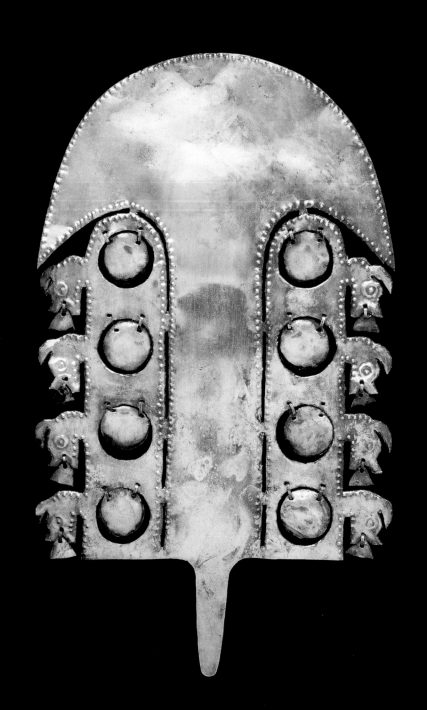

← Gold head ornament in *tumi* knife shape. Design depicts mythical feline heads and hanging gold discs.
PHOTO: Y.YOSHII/PAS

Parure de tête en or en forme de *tumi*, ornée de têtes de félins mythiques et de disques en or suspendus
PHOTO : Y.YOSHII/PAS

→ Excavation of the Sicán Lord's headdress.
PHOTO: Y.YOSHII/PAS

Dégagement de la coiffe du seigneur du Sicán
PHOTO : Y.YOSHII/PAS

↑ Figure 19

The rattling beaker and a
roll-out of its repoussé designs.
DRAWING: CÉSAR SAMILLÁN

Gobelet à secouer et représentation
de ses images en repoussé
DESSIN : CÉSAR SAMILLÁN

← Drinking cup of gold and silver.
Design shows three figures holding
standards with disc attachments.
Each wears the mask of a Sicán Lord.
PHOTO: Y.YOSHII/PAS

Gobelet en or et en argent montrant
trois figures tenant des étendards et
leurs disques accessoires, et portant
un masque à l'effigie du seigneur
du Sicán
PHOTO : Y.YOSHII/PAS

→ Gold laminate ornament
depicting three Sicán Lord masks.
Ornamented with perforated
gold discs.
PHOTO: Y.YOSHII/PAS

Parure en or laminé illustrant trois
masques du seigneur du Sicán et
décorée de disques en or troués
PHOTO : Y.YOSHII/PAS

43

← Gold head ornament.
The narrow tip can be fitted
into a crown.
PHOTO: Y.YOSHII/PAS

Parure de tête en or. La mince
extrémité inférieure pouvait être
insérée dans une couronne.
PHOTO : Y.YOSHII/PA

→ Spear thrower. Constructed
from wood and wrapped in gold
laminate. Detail on the spear
thrower depicts a figure with
human and animal features.
PHOTO: Y.YOSHII/PAS

Lance-fléchettes, fabriqué
de bois recouvert d'or laminé.
On y distingue une figure aux
attributs d'un humain et
d'un animal.
PHOTO : Y.YOSHII/PA

← Ceramic blackware double
spouted vessel depicting the
Sicán Deity.
PHOTO: Y.YOSHII/PAS

Vase en porcelaine noire, à bec
double, illustré de la divinité du Sicán
PHOTO : Y.YOSHII/PAS

→ Open neck ceremonial vessel
of an anthropomorphic figure.
The hands are crossed in front
and its headdress shows a skull
or serpent pattern.
PHOTO: Y.YOSHII/PAS

Vase cérémoniel à figure
anthropomorphe. Les mains sont
croisées et la parure de tête montre
un motif de crâne ou de serpent.
PHOTO : Y.YOSHII/PAS

48

← Ceramic blackware
single spout vessel,
decorated with monkey figures.
PHOTO: Y.YOSHII/PAS

Vase en céramique noire,
à bec simple, décoré de figures
de singes
PHOTO : Y.YOSHII/PAS.

→ Ceramic blackware
dog shape vessel.
PHOTO: Y.YOSHII/PAS

Vase en céramique noire,
en forme de chien
PHOTO : Y.YOSHII/PAS

← Detail of bat forehead piece,
base unit without ornamental
attachments. The base unit shows
attachment perforations for
pupils, fangs and tongue.
PHOTO: Y.YOSHII/PAS

Détail de la base de l'ornement
frontal en forme de chauve-souris,
sans ses accessoires, montrant
les ouvertures pour l'iris des yeux,
les canines et la langue
PHOTO : Y.YOSHII/PAS

→ Gold ear spools with
dangling geometric attachments.
PHOTO: Y.YOSHII/PAS

Tampons d'oreille en or et
pendants de formes géométriques
PHOTO : Y.YOSHII/PAS

51

← Gold ear spool with
turquoise centre.
PHOTO: Y.YOSHII/PAS

Tampon d'oreille orné,
au centre, d'une turquoise
PHOTO : Y.YOSHII/PAS

→ **Figure 22** PAGE 95

Superbly made, high-karat gold
earspools found near the
principal personage.
PHOTO : Y.YOSHII/PAS

Superbes bobines pour oreilles
à carat élevé trouvées près
du personnage principal
PHOTO : Y.YOSHII/PAS

← Sicán Deity forehead piece worn with Sicán Lord headdress. The acrylic has been added to replace a piece of *tumbaga* (gold-silver alloy) that disintegrated.
PHOTO: Y.YOSHII/PAS

Ornement frontal de la divinité du Sicán, complément de la parure de tête du seigneur du Sicán. On y a ajouté de l'acrylique en remplacement d'une pièce en *tumbaga* (un alliage d'or et d'argent) qui s'est désagrégée.
PHOTO : Y.YOSHII/PAS

→ Ornamental gold square depicting Sicán Deity. Standing figure wears the Sicán mask and holds standards adorned with discs as seen on page 56.
PHOTO: Y.YOSHII/PAS

Ornement carré, en or, illustrant la divinité du Sicán. La figure, debout, porte le masque du Sicán et brandit des étendards parés de disques, comme celui illustré à la page 56.
PHOTO : Y.YOSHII/PAS

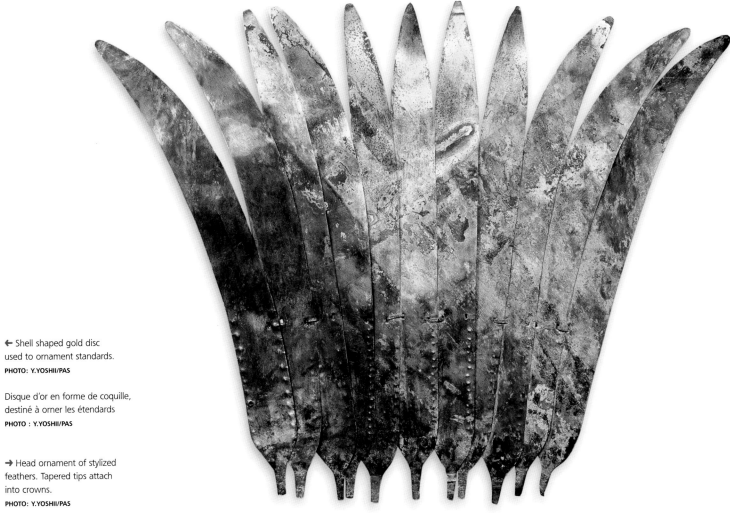

← Shell shaped gold disc
used to ornament standards.
PHOTO: Y.YOSHII/PAS

Disque d'or en forme de coquille,
destiné à orner les étendards
PHOTO : Y.YOSHII/PAS

→ Head ornament of stylized
feathers. Tapered tips attach
into crowns.
PHOTO: Y.YOSHII/PAS

Parure de tête décorée de plumes
stylisées. Les extrémités en pointe
se fixent à la couronne.
PHOTO : Y.YOSHII/PAS

← Conch shells,
many were found in
the Sicán Lord's tomb.
PHOTO: Y.YOSHII/PAS

Quelques-unes des
nombreuses coquilles
de conques découvertes
dans la tombe du
seigneur du Sicán.
PHOTO : Y.YOSHII/PAS

→ Tomb floor during
excavation.
PHOTO: IZUMI SHIMADA

Le plancher de la tombe
pendant les fouilles.
PHOTO : IZUMI SHIMADA

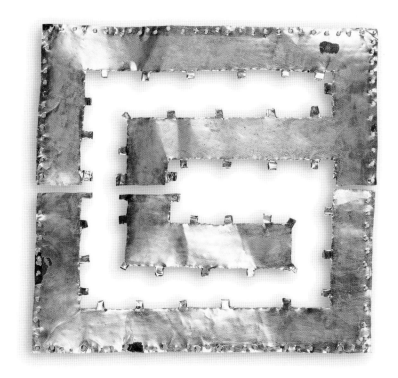

← Excavation of the East Tomb
at Huaca Loro.
PHOTO: IZUMI SHIMADA

Dégagement de la tombe Est,
à Huaca Loro
PHOTO : IZUMI SHIMADA

→ Gold ornament in geometric form.
Rectangular perforations are for
attaching the piece to textiles.
PHOTO: Y.YOSHII/PAS

Ornement en or, de forme
géométrique. Des perforations
rectangulaires permettent
de fixer la pièce à un morceau
de tissu.
PHOTO : Y.YOSHII/PAS

The Cultural Landscape of the Sicán

Dr. Carlos Elera, Directoor, Sicán National Museum, Peru

The Sicán people lived in a landscape filled with fascinating sacred connotations. The Pacific Ocean to the west and the Andes to the east held opposing but complementary representational implications for them: the morning sun lit one side of this deeply religious symbolic axis and the setting sun lit the other. The center of the Sicán culture was in the Pomac Forest located at the heart of this east–west axis, and the Sicán built-environment created a unique ancient focal point within this cultural and natural landscape.

The fieldwork of the Sicán Archaeological Project carried out over the past 24 years and the work of the Sicán National Museum, which opened in 2001, illustrates how the Sicán sacred elite constructed a religious ideology based on their cultural landscape and on mythical origins. Sicán religious art reflects these mythical origins through the predominance of the Sicán Deity in gold objects and in other funerary artifacts shown in this exhibit. We can gain particular insight into the Sicán culture's belief system by examining a mural found at the Huaca (Temple) of Las Ventanas showing the Sicán cosmovision (fig. 3).[1]

Legends of the Sicán Cultural Landscape

To understand the Sicán culture and religion, it is first necessary to explore the natural landscape in which they lived (fig. 2, page 15). The dense and arid Pomac Forest is part of the Equatorial Dry Forest Tumbesian

Eco-region. The biodiversity within the forest, especially the vast range of bird species, makes the Pomac unique. The La Leche River (known in the Muchik[2] language as Lercanlech) bisects the forest. The river originates from a conjunction of the Moyan River in the Inkahuasi highlands of Ferreñafe Province and the Sangana River from the Chota highlands in Cajamarca. The Moyan River is dark and warm in comparison to the Sangana's more transparent and colder waters. The entire Pomac area is now officially an historical sanctuary in order to protect the sacred religious architecture and elite tombs of the Sicán.

The La Leche and Lambayeque valleys are connected by the Pampa de Chaparri (*pampa* means "flat terrain"), a fertile agricultural area that was under extensive cultivation from the beginning of the Sicán period until the Spanish conquest (ca. A.D. 800–1532). On the eastern side of the Pampa rises the majestic Chaparri Mountain. This mountain has powerful meaning as a guardian over the area and is venerated by the local shamans who are descended from the ancient Muchik. The mountain is also the primary source of medicinal plants for the local people; the San Pedro cactus, for example, has hallucinogenic properties that assist the shamans with their visions.

The Chaparri Mountain is also the main source of fresh water for the area. Numerous springs rich with fish, shrimp, and crab arise from the porous underground rock.

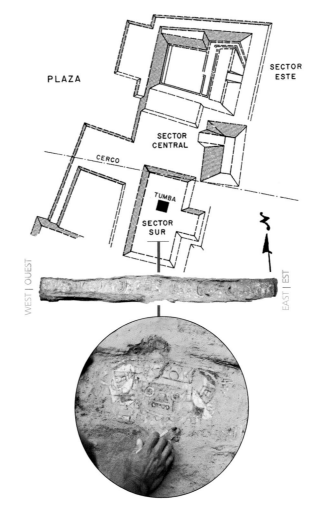

← **Figure 3**

Location and depictions of the mural found at Huaca Las Ventanas.
PHOTO: Y.YOSHII/PAS

Emplacement et représentations de la murale découverte à Huaca Las Ventanas
PHOTO : Y.YOSHII/PA

↑ ↑ Reconstructon of the Sicán cosmovision found in the tomb at Huaca Las Ventanas.
ILLUSTRATION: C. SAMILLIÁN
BASED ON ORIGINAL BY IZUMI SHIMADA

Reconstruction de la cosmovision du Sicán découverte dans la tombe de Huaca Las Ventanas
ILLUSTRATION : C. SAMILLIÁN,
BASÉ SUR L'ORIGINAL PAR IZUMI SHIMADA

These springs, called *jagueys* by the local people, overflow during the periodic *El Niño* deluges, filling depressions in the landscape with the bounty of well-stocked pools and ponds. During these times, the Muchik people express their gratitude: "Thanks to god, the Chaparri Mountain is crying." Sicán iconography shows that this concept of tears from the god providing sustenance has a long tradition in the area.

While geological surveys have confirmed gold deposits in the Chaparri region, several legends compound the association of precious metals with the mountain. In one legend, an entire town was enchanted and spirited away to the center of the mountain, where it stands to this day, surrounded by waterfalls, springs, and beautiful golden gardens. In another oral tradition, the mountain was transformed into a mythical golden animal to fight with the Mulato Mountain, which had taken the shape of a gigantic silver animal. Another tale tells of a long and bitter fight between Lord Chaparri, Owner of the Coast, and Lord Yanahuanca, Owner of the Sierra (or highlands). Eventually peace was established between the two warring lords, who were each transformed into a sacred mountain.

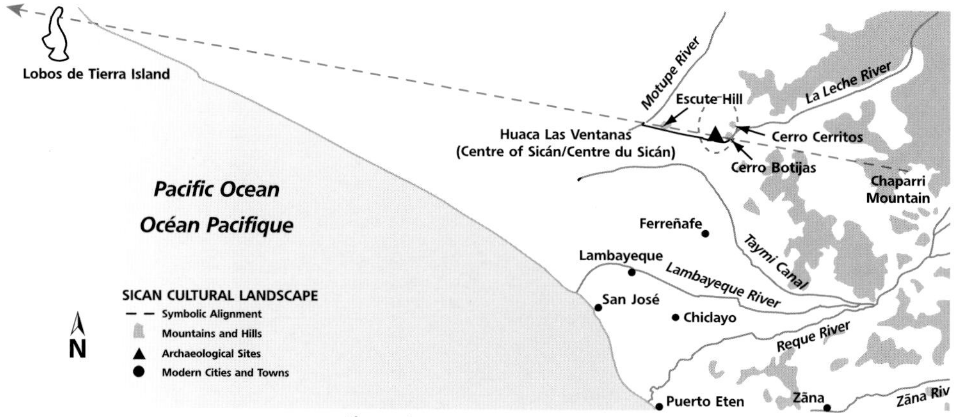

To guarantee the peace, the mountains produced plant life that could be exchanged and used by the people. The cold slopes of Yanahuanca Mountain produce coastal plants such as the algarrobo and zapote trees, which form the base of the Pomac Forest. On the warmer Chaparri Mountain, medicinal plants thrive.

To the west of Chaparri are the extensive and interconnected La Leche and Lambayeque valleys. The Pomac Forest is located in the middle La Leche valley, which consists of low hills and sand dunes that the Sicán used for their funerary resting places. Two of the low hills, Cerritos and Botijas, were integral to Sicán development. The Cerritos hill is a clear light beige colour and is rich in quartz. The Sicán may have mined gold from Cerritos and used some of the stones from the hill to make metal sheets and other metal objects of different sizes. Evidence of smelting furnaces has been found on the Botijas hill. The main Sicán ceremonial center is located close to Cerritos and to other hills and can be accessed from east or west. The site of the Middle Sicán ceremonial complex has many pyramid mounds; at the center of the complex is the mound known as Huaca Las Ventanas. To the east of Huaca Las Ventanas and facing it is Huaca Corte, to the southwest is Huaca Loro and Huaca La Merced, and to the northwest are Huaca Colorada and Huaca Lercanlech (formerly called Rodillona), the most monumental and highest of the Sicán religious buildings (fig. 10, page 85).

The Escute hill is located due west from the center point of Huaca Las Ventanas. Even further west are the lower La Leche valley and the Morrope Littoral (from *murrup*, the Muchik word for iguana). In the Pacific Ocean, west of the Morrope Littoral, is Sea Lion Island, an area that is extensively documented with respect to historical operations of guano-mining and as the starting point for long-distance voyages. Islands also figured strongly in the northern coastal belief system as the land of the dead. Many of the stories gathered by the early Spanish chroniclers feature tales about sea lions and dark hairless dogs acting as guides for the spirits of the dead as they made their way to the islands.

Figure 4

Map of the north coast of Peru.
MAP: CARLOS ELERA & J.SCOTT RAYMOND.

Carte de la côte septentrionale du Pérou
DESSIN : CARLOS ELERA ET J.SCOTT RAYMOND.

The Mythical Leader Naymlap
and the Sicán Ruling Elite

Sicán funerary practices were hierarchical in nature. The ruling elite were buried in impressive tombs located within the ceremonial center in the Pomac Forest. Individuals were buried according to kinship lineage and relationship to the main ancestor. In addition, the Sicán maintained a well-known funerary tradition in which monumental architecture designed for shrine worship was integrally connected to significant features of the natural landscape.

Each of the massive ancestor pyramid shrines was associated with and symbolically oriented along the east–west axis of the natural landscape. The Sicán elite were buried in deep shaft-tombs located around the circumferences of the pyramids. These individuals wore funeral masks of gold or *tumbaga* (an alloy of gold-copper) with winged eyes that faced west. This intentional western orientation may be directly related to historic and mythical Sicán origins associated with the ocean.

Early colonial documents support the strong symbolic relationship between the funerary setting of important individuals and monumental architecture. One such document is that of the Spanish chronicler Miguel Cabello de Balboa, who first recorded the legend of Naymlap in the sixteenth century. Naymlap, which translates from Muchik as "waterbird," was the historic and mythical founder of the first dynasty of kings in the La Leche and Lambayeque valleys. The entire legend, as recorded by Balboa, can be summarized as follows.

The Legend of Naymlap

The people of Lambayeque say that in times so very ancient that they do not know how to express them, a man of much valour and quality came to their valley on a fleet of balsa rafts. His name was Naymlap. He brought with him many concubines and a chief wife named Ceterni. He also brought many people who followed him as their captain and leader. Among

these people were 40 officials, including Pita Zofi, Blower of the Shell Trumpet; Ñinacola, Master of the Litter and Throne; Ñinagintue, Royal Cellarer, who was in charge of Naymlap's drink; Fonga Sigde, Preparer of the Way, who scattered seashell dust where Naymlap was about to walk; Occhocalo, Royal Cook; Xam Muchec, Steward of the Face Paint; Ollopcopoc, Master of the Bath; and Llapchillulli, Purveyor of Feathercloth Garments and the main official of Naymlap. With this retinue, and with an infinite number of other officials and men of importance, Naymlap established a settlement and built his palace-temple at Chot.

Naymlap also brought with him a green stone idol, variously named Yampallec or Nampaxlleq, meaning "the image and portrait of Naymlap." This idol represented him, was named for him, and gave its name to the valley of Lambayeque.

Naymlap and his people lived for many years and had many children. Eventually he knew that the time of his death had arrived. In order that his vassals should not learn that death had power over him, his immediate attendants buried him secretly in the same room where he had lived. They then proclaimed throughout the land that he had taken wings and flown away.

The empire and power of Naymlap were left to his oldest son, Cium, who married a maiden named Zolzoloñi. By her and other concubines he had 12 sons, each of whom became the father of a large family. After ruling many years, Cium placed himself in a subterranean vault and allowed himself to die so that posterity might regard him as immortal and divine.

Subsequently there were nine successive rulers, followed by Fempellec, the last and most unfortunate member of the dynasty. After several unsuccessful attempts to move the idol that Naymlap had placed at Chot, the devil appeared to him in the form of a beautiful woman. He slept with her and as soon as the union was consummated the rains began to fall, a thing that had never been seen upon these plains. The floods lasted for 30 days, after which followed a year of much sterility and famine. Because the priests knew that their lord had committed this grave crime, they understood the suffering of the people as punishment for his fault. In order to take vengeance upon him, forgetting the fidelity that is owed by vassals, they took him prisoner, tied his feet and hands, and threw him into the deep sea. With his death, the lineage of the native lords of the valleys of Lambayeque and La Leche ended, and the surrounding country remained without patron or native lord for many days.

The Sicán Deity: A Representation of Naymlap

When Naymlap was close to death, he told his close followers to inform the people that he was immortal: instead of dying, he had been transformed into a bird-man and he had flown away. Sicán iconography is dominated by an image of a bird-man, frequently with wings growing out of his back and with other avian features such as talons and a beak-like nose.

The Sicán Deity is depicted on painted cloth, pottery, and metal objects to the exclusion of almost all other figurative motifs in the Middle Sicán period. The sudden appearance of the Naymlap dynasty in the legend is mirrored by the monopolization of the Sicán Deity iconography in all forms of Middle Sicán art. The seemingly abrupt appearance of the Sicán Deity iconography could perhaps indicate a single legendary event, such as the arrival of Naymlap and his retinue, that may have precipitated the dominance of this motif.

The authority of a single male figure does not in itself constitute a change for the Sicán; a dominant male figure is featured in the art of both the preceding Mochica and Wari cultures. Even the upturned eyes appear common to the other pre-Hispanic societies, where such characteristics denote a figure of mythological status. However, the Sicán Deity's accompanying iconography provides specific clues to the cosmology and social structure of the Sicán. The layered meanings inherent

in the symbols associated with the Sicán Deity could have been used to validate a new regime and accord it mythical and cosmological status.

Another striking element of the legend directly correlates with the Sicán culture: the reinforcing image of kinship identity and loyalty to a sacred leader. An example of this continuation of kinship lines was recorded by Balboa in the sixteenth century. Balboa spoke with the chief of the Túcume Chiefdom, Don Martin Farro Chumbi, who was of Sicán and Inca ancestry. Túcume was the seat of the second Sicán capital following the catastrophic flooding caused by an *El Niño* event circa A.D. 1050–1100.

Don Martin related that he was a descendant of the genealogy of Naymlap. In the neighbouring kingdom of Jayanca, located north of Túcume, the powerful ruling elite considered themselves descendants of Llapchillulli, the main official who accompanied Naymlap. Llapchillulli was also a specialist in the making of feathered textiles. Naymlap held Llapchillulli in such high esteem that he gave him the power to rule over the lands of Jayanca in La Leche valley, the location of the current Pomac Forest Historic Sanctuary.

The Mythical Diving Bird Shape in Architecture and Art

One of the challenging questions still to be investigated about the Sicán is how they built their monumental architecture. In the Muchik language, Sicán literally means "temple of the moon." The movement of celestial bodies was known to the Sicán. The paths of the sun and moon were integral factors in the design of Sicán architecture, and the Sicán Deity, represented on earth as the Sicán Lord, managed the movements of the sun and moon.

Very closely related to this is the fundamental importance of the avian aspect of the Naymlap legend. The legend of the transformation of Naymlap into a bird-man applies to the Sicán Deity as a representation of

Namylap. This is intrinsic to Sicán iconography. The wing-shaped eyes of the Sicán Deity are symbolic of a diving sea bird, most likely a cormorant or seagull, seen as the alter ego of Naymlap.

This bird-man icon is an axis of Sicán religious ideology, as is the constant imagery of water. The significance of water to the Sicán cannot be questioned since the Sicán were both blessed and cursed by the rivers, the rain, and the sea. Due to their reliance on the runoff from the mountains, they had developed an elaborate irrigation system to sustain their agriculture. The rich abundance provided by their shoreline fisheries supplemented their diet. Sometimes, however, the sea's bounty would suddenly and inexplicably disappear due to periodic flash flooding from *El Niño* events, events that must have appeared as the capriciousness of the gods. The image of the crescent moon provides insight into the importance of the Sicán Deity as a moderator to these climactic events. With the sea as one side of the crescent moon and the inland Sicán civilization on the other, the Sicán Deity stands in the middle as the central balance between these two worlds. He is seen as the moderator, something that could be interpreted as his wrath would be extreme climatic circumstances like *El Niño*.

Images of moon, water, and the diving bird all appear frequently in Sicán iconography. The image of the diving bird is the critical design of Middle Sicán, as is seen in the avian features in the fine funerary ceramics of the roofs of Sicán temples (fig. 5). Other avian features were also integral to the Sicán, both in architecture and art. Many of the roofs of the pyramidal ceremonial centers were created in the shape of a diving bird's tail or wings. The sacred enclosures for rituals were designed in the shape of the head and body of a diving bird.

Avian features are not limited to architecture but can also be seen in the art of Sicán objects, most notably in their metal work. The ceremonial *tumi* knife used by the Sicán is frequently topped by the shape of an individual wearing a mask with prominent winged eyes, crowned with bird tail-feathers, and exhibiting ear spools in the

Figure 5

Vessels representing Sicán temples with the diving bird shape.
PHOTO: Y.YOSHII/PAS

Récipients représentant des temples du Sicán et arborant l'oiseau plongeur
PHOTO : Y.YOSHII/PAS

Shown is a *tumi* knife with Sicán Deity features, and is of uncertain provenance.

Un couteau *tumi* présentant les caractéristiques de la divinité du Sicán; son origine demeure imprécise.

→ One of the Huaca Las Ventanas funerary murals exhibits the best illustration of the *tumi* knife associated with sacrifice. The *tumi* knife shown in the hand of the Sicán Deity may have been used for decapitation during ritual sacrifice.
PHOTO: Y.YOSHII/PAS

Une des murales mortuaires de Huaca Las Ventanas montre clairement le couteau *tumi* associé à un sacrifice. Le *tumi* illustré dans la main de la divinité Sicán a pu être utilisé à des fins de décapitation dans le cadre d'un sacrifice rituel.
PHOTO : Y.YOSHII/PAS

shape of a diving bird's wings. The corona of tail-feathers at the top of the knife can be equated to that of a sunrise, which is balanced by the end of the *tumi* formed in the image of a crescent moon (fig. 6). Other representations of the Sicán Deity reinforce this imagery by populating his environment with figures of the sea, the moon, the sun, seashells, and exotic or mythical animals.

Cut or molded from fine gold sheets, the Deity is represented in a variety of ways: seated or standing up, either holding a *tumi* knife in his hands or empty-handed. The *tumi* knife is frequently encrusted with green turquoise or emeralds, as are the irises of the eyes of the funerary masks. The green eyes echo the sacred green stone idol, Yampallec, brought across the ocean by Naymlap. The winged eyes of the funerary masks are accompanied by a vertical line or row of dots representing tears, which in turn may symbolize rain. Just as the Muchik descendants today thank the mountain for "crying" and providing them with sustenance, so too the Sicán people attributed to their Deity authority over water and the bounty it provided.

Birds and feathers figure prominently in other legends and tales from the Lambayeque valley region as well. One tale relates the sacred provenance of the people to the eggs of a mythical bird. The chiefs, or the elite, emerged from a golden egg, the wives of the elite came from a silver egg, and the commoners from a copper egg. Today, people of Muchik ancestry also associate bird feathers with human characteristics. This ancestral perception of human or mammal hair as "feathers" may refer back to the cultural complex of ornithological connotations from Sicán times.

The *Tumi* Knife and the Sicán Cosmovision

The ceremonial center of Huaca Las Ventanas (fig. 3, page 63) was built during the Middle Sicán period (A.D. 900–1100) with thousands of marked adobe bricks. Bricks made up the structure of the pyramids and were usually incised with a symbol. It has been proposed that these markings corresponded to a community group; the symbol on the bricks could show how many bricks a group sponsored. The bricks were stacked to provide the facing structure of the pyramid, and the remaining chambers were filled with rubble. The main access was from the east, with a ramp providing access to the top of the pyramid. On top of the truncated pyramid was a rectangular enclosure with spaces as windows: thus the name, which means "Temple of the Windows."

The Huaca Las Ventanas tomb is different from the other tombs excavated at the Pomac Forest site in both its shape, that of an inverted truncated pyramid, and its size. The tomb is probably the largest tomb archaeologically documented in the Americas. Furthermore, Huaca Las Ventanas contained the remains of what may have been female court attendants interred there to serve a Sicán nobleman buried in the tomb nearby. The nobleman's tomb had been looted before the archaeological investigation, but the gold *tumi* knife that subsequently became the symbol of Peru (fig. 6) is known to have come from one of the ceremonial site tombs.

The Huaca Las Ventanas tomb also contained a series of murals that shed considerable light on the Sicán belief system. One of the funerary murals exhibits the best illustration of the *tumi* knife associated with sacrifice (fig. 6). This mural (140 by 20 cm) was painted on thin plaster on top of a cotton cloth pasted to a *tumbaga* metal sheet and was oriented on the east–west axis. The *tumi* knife shown in the hand of the Sicán Deity may have been used for decapitation during ritual sacrifice. The rest of the extraordinary subject matter of the mural has led to its subsequent designation as the Sicán cosmovision.

On the eastern edge of the mural is the sun, painted with cinnabar. The vivid red may relate to the colour of a sunrise in the east. The western end of the mural depicts a rising white crescent moon. Linking the sun and the moon is a series of high tidal waves painted green and crested with bird-like heads. The feathers of the bird-crested waves are in motion, seeming to blow

back in the wind just as those of a diving bird would do. Each of the waves contains a green fish, and painted around the entire mural are stylized seashells.

At the center of the mural stands the Sicán Deity with winged eyes. In his right hand the Deity holds a decapitated human head painted in inverse relation to the sun and the moon: the right, western half of the head is painted yellow for the sun while the left, eastern half is painted white for the moon. The Sicán Deity holds a white *tumi* knife in his left hand, the shape of which echoes the shape of the crescent moon.

The Huaca Las Ventanas mural is highly illustrative of Sicán religious ideology. As noted earlier, the name "Sicán" is itself derived from the Muchik term meaning "House of the Moon." To this day, the people of the region pay careful attention to the moon, regulating their planting and harvesting cycles according to the lunar calendar. The crescent moon rising from the sea and pointing north (the lowest position of the pointed extreme of the moon) foretells the arrival of warm weather and abundant water. However, if the crescent moon rises from the sea pointing to the south, this portends cold weather and droughts.

During the summer season, the people of the area pay especially close attention to the lunar phases. Summer brings abundant fishing, rains in the neighbouring highlands that irrigate crops, and a high water table in the mountains to feed the freshwater springs from the Chaparri Mountain. The orientation of the rising crescent moon is a cultural indicator of just how much abundance there will be.

The Sicán cosmovision mural depicts a time of plenty. The Sicán Deity, or Naymlap, has ensured abundance in both the land and the sea through the supreme act of human sacrifice. This act has served to balance the opposite and complementary influences of the eastern sunrise and the western moonrise. The Deity stands in the center of the universe holding a *tumi* knife that is shaped to mirror this balance: the top of the knife represents the sun while the bottom is shaped like the crescent moon. When this balance was destroyed, however, the results could be disastrous. It is tempting to match the end of the Naymlap dynasty to actual historical events. A severe drought is known to have occurred in the Lambayeque area circa A.D. 1020, followed by an equally disastrous *El Niño* event circa A.D. 1050. The torrential rains documented in the geological record indicate that this flood was greater than any other ever recorded in the region. Enormous amounts of sand and dirt washed with considerable force down the entire length of the river as the result of massive flash flooding. The effects of both events would have been catastrophic in terms of soil erosion and famine. The archaeological excavations at the Sicán cultural site indicate that at about the same time, the site was deliberately burned and then abandoned.

Do these events relate to the Naymlap legend? The transition from the Middle to the Late Sicán period does appear to occur with an unaccountable abruptness, both in terms of the sudden cessation of the Sicán Deity in art and of the relocation of the religious venue. The actions of Fempellec, Naymlap's descendant, which resulted in a disastrous 30 day rain, could be correlated to the *El Niño* event. If the Sicán had previously suffered the historically documented multi-year drought just prior to the flood, their unhappiness with the Sicán Deity could have reached a peak. Could the Sicán have reacted with extreme prejudice against the existing power structure, placing the blame for the disastrous weather conditions on their rulers? They might then have torched the religious shrines, ousted the current ruling elite, and moved the cultural center away from Huaca Las Ventanas.

Last Reflections

The Sicán religious site is located at the center of an east–west axis that connects the cultural and natural worlds (fig. 4, page 64). To the east is the Chaparri Mountain with its highest peak forming a magnificent human face looking out to the distant ocean. At the center of the axis is Huaca Las Ventanas, the focal point of the Sicán ceremonial site and the location of the cosmovision mural that mirrors the east–west orientation of the landscape. Further west are the two peaks of the Escute Hill and finally Lobos de Tierra Island in the Pacific Ocean. Both natural and cultural sites are thus endowed with several layers of sacred meaning. Presiding over the landscape is the figure of Naymlap, connecting the sacred Sicán landscape to the Andes and to the paths and influences of the sun and the moon.

---

[1]   "Cosmovision" refers to an entire world view of a group of people and is based on parts of a greater mythology of the beliefs and philosophies of that group. It is often linked to political legitimization through stories of the origins and organization of the universe.

[2]   The linguistic foundation of the Lambayeque and La Leche valleys belongs to the Muchik or Mochica language. This language was spoken from the Motupe to the Chicama-Jequetepeque valleys in northern Peru. The Muchik language was spoken before the Chimu, Inca, and Spanish invasions in the Lambayeque and La Leche valleys. It is also called "the language of Naymlap."

Hector Llauce, one of the two dig foremen of the East Tomb excavation, watches intensely as Izumi Shimada cleans skeletal remains of the principal personage at the center of the burial chamber of the East Tomb at Huaca Loro. Note the skull and gold mask (red with cinnabar paint) at the bottom (early January, 1992; looking east toward a series of steps dug for access).

PHOTO COLLECTION: IZUMI SHIMADA

Hector Llauce, l'un des deux contremaîtres de fouille de la tombe Est, regarde Izumi Shimada attentivement pendant que celui-ci nettoie les restes humains du personnage principal au centre de la chambre d'inhumation de la tombe Est de Huaca Loro. Il y a lieu de porter une attention particulière au crâne et au masque doré (cinabre rouge) au bas de la diapositive (début janvier 1992 en direction est vers une série de marches visant à faciliter l'accès).

COLLECTION DE PHOTOS : IZUMI SHIMADA

Le paysage culturel du Sicán

Carlos Elera, Museo Nacional Sicán, Pérou

Vase arborant un visage
PHOTO : Y.YOSHII/PAS

Pot with face.
PHOTO : Y.YOSHII/PAS

Le peuple du Sicán vivait dans un paysage regorgeant de fascinantes connotations sacrées. Ainsi, l'océan Pacifique, à l'Ouest, et les Andes, à l'Est, affichaient-ils des possibilités d'interprétation à la fois complémentaires et opposées aux yeux de ces gens : le soleil levant illuminait un côté de cet axe symbolique profondément religieux alors que le soleil couchant éclairait l'autre côté. Le centre même de la culture du Sicán se trouvait dans la forêt de Pomac, au cœur de cet axe est-ouest. L'environnement aménagé par le peuple du Sicán avait pour effet de créer un point de mire ancien et unique au sein de ce paysage culturel et naturel.

Les travaux réalisés sur le terrain, dans le cadre du projet archéologique du Sicán ces 24 dernières années, et l'œuvre du Museo Nacional Sicán, inauguré en 2001, illustrent la manière dont l'élite sacrée du Sicán a réussi à édifier une idéologie religieuse reposant sur son paysage culturel et ses origines mythiques. L'art religieux reflète ces origines mythiques grâce à la prédominance de la divinité du Sicán, représentée par les objets en or et autres artefacts funéraires exposés ici. Une murale dénichée au Huaca (temple) de Las Ventanas permet de mieux comprendre le système de croyances de cette culture en jetant de la lumière sur la cosmovision qu'on en a (figure 3).[1]

Les légendes du paysage culturel du Sicán

Pour mieux comprendre la culture et la religion du Sicán, il faut d'abord se familiariser avec le paysage naturel où elles ont évolué. La forêt de Pomac, dense et aride (figure 2), fait partie de l'écorégion composée de la forêt équatoriale sèche de Tumbesian. La biodiversité caractéristique de cette forêt, plus particulièrement son large éventail d'espèces d'oiseaux, fait de Pomac une région unique en son genre. Le fleuve La Leche (portant le nom de *Lercanlech* dans la langue muchik[2]) entrecoupe la forêt. Ce cours d'eau prend sa source au confluent de la rivière Moyan des hautes-terres Inkahuasi, dans la province de Ferreñafe, et de la rivière Sangana des hautes-terres Chota, dans le Cajamarca. Les eaux de la Moyan sont chaudes et foncées, comparativement aux eaux plus froides et claires de la Sangana. De nos jours, toute la région de Pomac constitue un sanctuaire historique destiné à protéger l'architecture religieuse sacrée et les tombes de l'élite du Sicán.

Les vallées de La Leche et de Lambayeque sont reliées par la pampa de Chaparri, zone agricole fertile qui a fait l'objet de nombreuses cultures, du début de la période du Sicán jusqu'à la Conquête espagnole – de 800 à 1532 environ. La majestueuse montagne Chaparri surplombe le côté est de la pampa. La montagne revêt une puissante connotation en tant que gardienne de la région. Elle est vénérée par les shamans de l'endroit qui descendent du Muchik. La montagne est aussi la principale source de plantes médicinales des habitants. Ainsi, le cactus San Pedro, par exemple, possède des propriétés hallucinogènes qui accentuent le pouvoir des shamans à avoir des visions.

La Chaparri constitue également la principale source d'eau fraîche de la région. De nombreuses sources, riches en poissons, en crevettes et en crabes, sortent de la roche souterraine poreuse. Appelées *jagueys* par les habitants de la région, elles débordent pendant les déluges périodiques apportés par *El Niño*, ce qui a pour effet de remplir les dépressions du paysage de bassins et d'étangs bien garnis. Le peuple muchik exprime alors sa gratitude : « Grâce à dieu, la montagne Chaparri pleure. » L'iconographie du Sicán montre que cette notion du dieu qui pleure a des origines profondément ancrées dans la région.

Bien que des levés géologiques aient permis de confirmer la présence de gisements d'or dans la région de Chaparri, plusieurs légendes relient les métaux précieux à la montagne. Dans une de ces légendes, un village entier s'est laissé enchanter et transporter au centre de la montagne par un esprit. Le village est toujours là, entouré de chutes, de sources et de magnifiques jardins dorés. Selon un autre récit de la tradition orale, la montagne aurait été transformée en animal doré mythique pour affronter la montagne Mulato, qui avait adopté la forme d'un gigantesque animal argenté. Une autre

légende raconte l'histoire d'une longue et dure bataille entre le seigneur Chaparri, propriétaire de la côte, et le seigneur Yanahuanca, propriétaire de la Sierra (les hautes-terres). Au bout du compte, la paix s'est installée entre ces deux guerriers qui furent transformés en montagnes sacrées. Celles-ci se sont alors mises à produire des plantes que le peuple s'échangeait. Les versants froids de la montagne Yanahuanca donnent des plantes côtières comme les *algarrobo* et *zapote*, des arbres qui constituent les espèces principales de la forêt de Pomac. Dans la montagne Chaparri, au climat plus chaud, les plantes médicinales prospèrent.

Les vastes vallées interdépendantes de La Leche et de Lambayeque s'enfoncent à l'ouest de Chaparri. La forêt de Pomac se dresse au centre de la première, composée de petites collines et de dunes de sable ayant servi de lieux mortuaires au peuple du Sicán. Deux de ces petites collines, Cerritos et Botijas, ont joué un grand rôle dans le développement de la civilisation du Sicán. La Cerritos, de couleur beige clair, est riche en quartz. Le peuple en aurait peut-être exploité l'or et utilisé certaines de ses pierres pour fabriquer des feuilles métalliques et d'autres objets en métal de tailles variées. Sur la Botijas reposent les vestiges de fours de fusion. Le principal site cérémoniel du Sicán se trouve près de la Cerritos et d'autres collines. Il est accessible à partir de l'Est ou de l'Ouest. L'emplacement du complexe cérémoniel du Sicán moyen compte de nombreux monticules en forme de pyramides. Le monticule connu sous le nom de Huaca Las Ventanas s'élève au centre du complexe cérémoniel. À l'est de Huaca Las Ventanas et en face de ce temple se trouve Huaca Corte, puis au sud-ouest se situent Huaca Loro et Huaca La Merced, tandis qu'au nord-ouest sont édifiés Huaca Colorada et Huaca Lercanlech (anciennement Rodillona), les bâtiments religieux les plus imposants et les plus hauts du Sicán (figure 10, page 85).

La colline Escute se dresse directement à l'ouest du point central de Huaca Las Ventanas. Encore plus à l'ouest se dessinent la vallée inférieure de La Leche et le Morrope (terme qui vient de *murrup*, « iguane » en langue muchik). Dans l'océan Pacifique, à l'ouest du littoral Morrope, se profile l'île du Lion de mer, une région bien connue pour ses cueillettes historiques de guano et pour avoir servi de point de départ à de longues expéditions. Dans le système de croyances de la côte septentrionale, les îles revêtaient aussi une grande importance, car elles constituaient la terre où reposaient les morts. Bon nombre d'histoires recueillies par les premiers chroniqueurs espagnols faisaient allusion à des lions de mer et à des chiens foncés, sans poils, qui servaient de guides aux esprits des morts en route vers les îles.

Le chef mythique Naymlap et l'élite au pouvoir du Sicán

Les pratiques funéraires du Sicán respectaient un ordre hiérarchique. Ainsi, l'élite au pouvoir se faisait enterrer dans d'impressionnantes tombes situées dans le centre cérémoniel de la forêt de Pomac. On enterrait les défunts en tenant compte de leur lignée et de leur relation avec l'ancêtre principal. De plus, les habitants maintenaient une tradition funéraire bien connue selon laquelle l'architecture des monuments servant de sanctuaires se confondait avec les importantes caractéristiques du paysage naturel.

Chacun des sanctuaires massifs en forme de pyramides était lié et orienté, de manière symbolique, vers l'axe est-ouest du paysage naturel. L'élite du Sicán était enterrée dans des puits de tombes profonds, situés le long des circonférences des pyramides. Ces dépouilles arboraient des masques funéraires confectionnés en or ou en *tumbaga* (alliage d'or et de cuivre) et aux yeux bridés faisant face à l'ouest. Cette orientation intentionnelle pourrait être directement liée aux origines historiques et mythiques conférées à l'océan.

Les premiers documents coloniaux étayent cette forte relation symbolique entre les lieux de sépulture des gens importants et l'architecture des monuments. Un de ces documents vient du chroniqueur espagnol, Miguel Cabello de Balboa, la première personne à avoir consigné l'histoire de Naymlap au XVIe siècle. Naymlap (« oiseau aquatique » en muchik) était le fondateur historique et mythique de la première dynastie de rois des vallées de La Leche et de Lambayeque.

La légende de Naymlap

D'après la population de Lambayeque, à une époque tellement lointaine qu'il est impossible de la situer avec précision, un homme d'une grande vaillance et d'une illustre qualité s'installa dans la vallée après avoir traversé la mer sur une flotte de radeaux en balsa. Il s'appelait Naymlap et plusieurs concubines et une épouse principale, nommée Ceterni, l'accompagnaient. L'avaient aussi suivi de nombreuses personnes dont il était le chef et le capitaine. Une quarantaine d'entre elles jouait des rôles officiels, notamment Pita Zofi, le souffleur de la trompette en coquillage; Ñinacola, maître de la litière et du trône; Ñinagintue, cellérier royal, responsable des boissons de Naymlap; Fonga Sigde, préparateur du chemin qui parsemait de la poussière de coquillages sur le passage du leader; Occhocalo, chef cuisinier royal; Xam Muchec, préposé à la peinture du visage; Ollopcopoc, maître du bain; et Llapchillulli, pourvoyeur de vêtements en étoffes et plumes, et principal représentant de Naymlap. En compagnie de cette escorte et d'un nombre infini d'autres représentants officiels et d'hommes d'importance, Naymlap établit un peuplement à Chot et y construisit son temple-palais.

Naymlap avait aussi apporté avec lui une idole en pierre verte, parfois appelée Yampallec ou Nampaxlleq – « image et portrait de Naymlap ». L'idole était sa représentation. Nommée en son honneur, elle aurait donné son toponyme à la vallée de Lambayeque.

Naymlap et son peuple vécurent longtemps et eurent beaucoup d'enfants. À un moment donné, Naymlap sut que l'heure de sa mort approchait. Pour que ses vassaux ne pensent pas que la mort l'avait emporté sur lui, ses aides les plus proches l'enterrèrent secrètement dans la pièce même où il avait vécu. Ensuite, ils proclamèrent sur toute leur terre qu'il lui avait poussé des ailes et qu'il s'était envolé.

L'empire et le pouvoir de Naymlap tombèrent alors entre les mains de son fils aîné, Cium, qui épousa une jeune fille vierge du nom de Zolzoloñi. Grâce à elle et à d'autres concubines, Cium eut 12 fils et chacun d'entre eux donna naissance à une grande famille et détint le pouvoir pendant de nombreuses années. Un jour, il s'enferma dans une voûte souterraine et se laissa mourir afin d'être considéré comme immortel et divin par sa postérité.

Par la suite, il y eut neuf gouverneurs successifs, suivis de Fempellec, le dernier et le plus malheureux des membres de la dynastie. Après avoir échoué à maintes reprises à déplacer l'idole que Naymlap avait installée à Chot, le diable lui apparut sous la forme d'une jolie femme. Il coucha avec elle et dès que leur union fut consommée, il commença à pleuvoir, du jamais vu dans ces plaines. Le déluge dura pendant 30 jours, suivi par une année de stérilité et de famine. Les prêtres savaient que leur seigneur avait commis ce grave crime et ils comprenaient la souffrance du peuple, puni à cause de lui. Pour se venger de lui, oubliant ainsi la fidélité imposée aux vassaux, ils le capturèrent, le ligotèrent et le lancèrent au fin fond de la mer. Sa mort mit fin à la lignée des seigneurs natifs des vallées de Lambayeque et de La Leche. Pendant plusieurs jours, il n'y eut point de gouverneur ou de seigneur au pays.

La divinité Sicán – Une représentation de Naymlap

À l'approche de sa mort, Naymlap demanda à ses proches d'annoncer au peuple qu'il était immortel et qu'au lieu de mourir il s'était transformé en homme-oiseau et envolé. L'iconographie du Sicán est dominée par l'image d'un homme-oiseau, arborant souvent des ailes sur son dos et possédant d'autres caractéristiques aviaires, comme des serres et un nez en forme de bec.

La divinité du Sicán apparaît donc sur des étoffes peintes, de la poterie et des objets en métal, au point où à peu près aucun autre motif n'est exemplifié durant la période du Sicán moyen. L'apparition soudaine de la dynastie de Naymlap dans la légende est reflétée par le monopole de cette divinité dans toutes les formes d'art du Sicán moyen. L'apparition soi-disant soudaine de l'iconographie qui lui est consacrée pourrait peut-être indiquer un seul événement légendaire, comme l'arrivée de Naymlap et de son escorte, ce qui pourrait avoir précipité la prépondérance de ce motif.

En soi, l'autorité d'une seule figure masculine ne constitue pas un changement pour le Sicán, car une telle figure domine l'art des cultures précédentes de Mochica et de Wari. Même les yeux bridés semblent communs aux autres sociétés préhispaniques où ces caractéristiques dénotent une figure d'état mythologique. Cela dit, l'iconographie de la divinité du Sicán fournit des indices particuliers en ce qui a trait à la cosmologie et à la structure sociale de cette région. Les significations multidimensionnelles inhérentes aux symboles liés à la divinité du Sicán auraient pu servir à valider le nouveau régime et à lui accorder son état mythique et cosmologique.

Un autre élément marquant de la légende se rapporte directement à la culture du Sicán : l'image renforçant l'identité de la parenté et la loyauté à un chef sacré. Un exemple de la continuation des liens de parenté a été consigné par Balboa au XVIe siècle. Celui-ci avait ainsi eu l'occasion de s'entretenir avec le chef de la chefferie Túcume, Don Martin Farro Chumbi, de la lignée du Sicán et des Incas. Túcume était le siège de la deuxième capitale du Sicán, après le déluge catastrophique engendré par *El Niño,* entre 1050 et 1100.

Farro Chumbi avait raconté que le chef était un descendant de la généalogie de Naymlap. Dans le royaume voisin de Jayanca, situé au nord de Túcume, la puissante élite au pouvoir se considérait comme les descendants de Llapchillulli, ce représentant officiel qui avait accompagné Naymlap. Llapchillulli était également un spécialiste de la confection d'étoffes garnies de plumes. Naymlap tenait Llapchillulli en si grande estime qu'il lui avait conféré le pouvoir de gouverner les terres de Jayanca, dans la vallée de La Leche, site actuel du sanctuaire historique de la forêt de Pomac.

La forme de l'oiseau plongeur mythique dans l'art et l'architecture

L'une des questions épineuses qui subsiste à propos du Sicán consiste à déterminer comment son architecture monumentale a vu le jour. Dans la langue muchik, Sicán signifie littéralement « temple de la Lune ». Le mouvement des corps célestes était connu du peuple du Sicán. Les trajets qu'empruntaient le Soleil et la Lune constituaient des facteurs intégrants à la conception de son architecture. La divinité du Sicán, représentée sur la Terre par le seigneur du Sicán, décidait des mouvements de ces deux astres.

L'importance fondamentale de l'aspect aviaire de la légende de Naymlap est étroitement liée à cette légende. La légende de la transformation de Naymlap en homme-oiseau se rapporte à la divinité du Sicán à titre de représentation de Naymlap. Il s'agit là d'une caractéristique intrinsèque de l'iconographie du Sicán. Les yeux bridés de cette divinité renvoient au symbole d'un oiseau aquatique en train de plonger, probablement un cormoran ou une mouette, considéré comme l'alter ego de Naymlap.

L'icône de l'homme-oiseau se veut l'axe de l'idéologie religieuse du Sicán, à l'instar de l'imagerie récurrente de l'eau. Dans le cas du Sicán, il s'avère impossible de mettre en doute l'importance de l'eau, car ses habitants étaient à la fois bénis et maudits par les rivières, la pluie et la mer. Puisque la région dépendait des eaux de ruissellement des montagnes, ils avaient conçu un système d'irrigation élaboré pour soutenir leur agriculture. Leur régime alimentaire était complété par l'abondance de la pêche côtière. Il arrivait cependant que la générosité de la mer s'évanouisse soudainement, sans explication, en raison des crues éclairs attribuables à *El Niño*, phénomène alors perçu comme les caprices des dieux. L'image du croissant de lune montre l'importance de la divinité du Sicán en tant que modérateur de ces événements climatiques. La divinité est flanquée de la mer, figurant d'un côté de ce crissant, et, de l'autre côté, de la civilisation Sicán

intérieure, ce qui offre un équilibre central entre ces deux mondes. Elle est considérée comme le modérateur et des circonstances climatiques extrêmes comme *El Niño* pouvaient alors être perçues comme son courroux.

Les images de la Lune, de l'eau et de l'oiseau plongeur reviennent souvent dans l'iconographie du Sicán. Celle de l'oiseau plongeur représente le motif critique du Sicán moyen, comme en attestent les caractéristiques aviaires de la céramique funéraire fine du toit de ses temples (figure 5). D'autres caractéristiques aviaires jouaient un rôle primordial dans l'architecture et l'art du Sicán. Un grand nombre de toits des centres cérémoniels en forme de pyramides épousent la forme de la queue ou des ailes d'un oiseau plongeur. Les enceintes sacrées destinées aux rituels adoptaient la forme de la tête et du corps de ce type d'oiseau.

Les caractéristiques aviaires ne se limitaient pas à l'architecture du Sicán. Elles se voyaient aussi dans ses objets d'art, plus particulièrement dans les créations en métal. Le couteau *tumi* cérémoniel dont se servaient les membres du Sicán est souvent surmonté de la forme d'un personnage portant un masque aux yeux bridés, couronnée de plumes de queue d'oiseau et arborant des tampons d'oreille empruntant l'allure des ailes d'un oiseau plongeur. La couronne en plumes de queue, placée au bout du couteau, fait allusion au lever du Soleil, qui est équilibré par le bout d'un *tumi* formé à l'image d'un croissant de lune (figure 6). D'autres représentations de la divinité du Sicán viennent consolider cette image en peuplant son milieu de figures de la mer, de la Lune, du Soleil, de coquillages et d'animaux exotiques ou mythiques.

Tantôt découpée dans des feuilles d'or, tantôt moulée, la divinité est représentée de manières différentes : assise ou debout, couteau *tumi* à la main ou encore, les mains vides. Souvent, des turquoises ou des émeraudes sont incrustées dans le *tumi*, tout comme dans les iris des yeux des masques funéraires. Les yeux sont à l'image de l'idole sacrée, Yampallec, qui a traversé la mer avec

Naymlap. Les yeux bridés des masques funéraires sont accompagnés d'une ligne verticale ou d'une rangée de points en guise de larmes, ce qui pourrait également symboliser la pluie. Tout comme les descendants du Muchik remercient aujourd'hui la montagne quand elle « pleure » et leur offre le nécessaire pour les soutenir, le peuple du Sicán attribuait à sa divinité le pouvoir sur l'eau et sa générosité.

Les oiseaux et les plumes prennent également beaucoup d'importance dans d'autres légendes et histoires de la région de la vallée de Lambayeque. L'une d'elles attribue la provenance sacrée du peuple aux œufs d'un oiseau mythique. Les chefs, ou l'élite, seraient sortis d'un œuf en or, alors que les épouses de l'élite seraient venues d'un œuf en argent et le reste du peuple proviendrait d'un œuf en cuivre. De nos jours, le peuple d'ascendance muchik associe les plumes d'oiseaux aux caractéristiques humaines. Ainsi, la perception ancestrale des cheveux ou poils de mammifères ou d'humains en tant que « plumes » pourrait remonter au complexe culturel des connotations ornithologiques de l'époque du Sicán.

Le couteau *tumi* et la cosmovision du Sicán

La construction du centre cérémoniel de Huaca Las Ventanas (figure 3) remonte à la période du Sicán moyen – de l'an 900 à 1100. Elle est constituée de milliers de briques d'adobe portant des inscriptions. Les briques composaient la structure des pyramides et en général, elles comportaient un symbole. Certains ont laissé supposer que ces marques correspondaient à un groupe communautaire. Le symbole sur les briques aurait pu indiquer combien de briques un certain groupe aurait commandité. Elles étaient empilées de façon à former la structure avant de la pyramide et le reste des chambres était rempli de décombres. L'entrée principale était située du côté est, où une passerelle donnait accès au sommet de la pyramide. Sur le dessus de la pyramide tronquée se trouvait une enceinte rectangulaire. Là, les espaces servaient de fenêtres, d'où le nom de « temple des fenêtres ».

↑ **Figure 6**

Un couteau *tumi* présentant les caractéristiques de la divinité du Sicán; son origine demeure imprécise.

Shown is a *tumi* knife with Sicán Deity features, and is of uncertain provenance.

← Une des murales mortuaires de Huaca Las Ventanas montre clairement le couteau *tumi* associé à un sacrifice. Le *tumi* illustré dans la main de la divinité Sicán a pu être utilisé à des fins de décapitation dans le cadre d'un sacrifice rituel.
PHOTO : Y.YOSHII/PAS

One of the Huaca Las Ventanas funerary murals exhibits the best illustration of the *tumi* knife associated with sacrifice. The *tumi* knife shown in the hand of the Sicán Deity may have been used for decapitation during ritual sacrifice.
PHOTO: Y.YOSHII/PAS

La tombe de Huaca Las Ventanas diffère des autres découvertes dans la forêt de Pomac en ce sens qu'elle n'a pas la même forme – elle a celle d'une pyramide tronquée et inversée – ni la même taille. Cette tombe, sans doute la plus grande jamais repérée par des archéologues dans les Amériques, renfermait en outre les dépouilles de préposées féminines qui auraient été placées là pour servir un noble du Sicán, enterré tout près. La tombe de ce dernier avait fait l'objet d'un pillage avant que des fouilles archéologiques y soient menées, mais le couteau *tumi* en or, devenu plus tard le symbole du Pérou (figure 6), serait attribuable à l'une des tombes cérémonielles de ce site.

La tombe de Huaca Las Ventanas contenait aussi une série de murales très révélatrices sur le système de croyances du Sicán. Une des murales mortuaires montre clairement le couteau *tumi* associé à un sacrifice (figure 3). Cette murale (de 140 cm sur 20), orientée sur l'axe est-ouest, fut peinte sur une mince couche de plâtre étalée sur une étoffe de coton elle-même collée à une feuille de métal *tumbaga*. Le *tumi* illustré dans la main de la divinité Sicán a pu être utilisé à des fins de décapitation dans le cadre d'un sacrifice rituel. Le reste de cette murale exceptionnelle lui a valu, ultérieurement, l'appellation « cosmovision du Sicán ».

Du côté est de la murale se trouve le soleil, recouvert de cinabre. Le rouge vif pourrait représenter le lever de cet astre. Le côté opposé montre un croissant de lune ascendant. Une série de grosses vagues relie le soleil à la lune. Peintes en vert, elles présentent, à leur sommet, des crêtes en forme d'oiseaux. Leurs ailes sont en mouvement : elles semblent bouger dans le vent, tout comme celles d'un oiseau plongeant. Chacune des vagues accueille un poisson vert. Tout autour de la murale figurent des coquillages stylisés.

Au centre de la murale se dresse la divinité du Sicán et ses yeux bridés. La main droite tient la tête décapitée d'un humain en relation inverse au soleil et à la lune. La moitié droite de la tête, celle du côté ouest, est peinte en jaune, à l'instar du Soleil, alors que la moitié gauche, celle de l'est, est en blanc, à l'image de la Lune. La divinité tient un couteau *tumi* blanc à la main gauche, sa forme rappelant celle d'un croissant de lune.

La murale de Huaca Las Ventanas illustre d'éloquente façon l'idéologie religieuse du Sicán. Le nom de « Sicán » dérive d'un terme muchik signifiant « maison de la Lune ». Aujourd'hui encore, les habitants de la région portent une attention particulière à cette planète, s'assurant de régler leurs cycles de semences et de récoltes en fonction du calendrier lunaire. Le croissant de lune qui s'élève de la mer et pointe vers le Nord (la position la plus basse de l'extrémité en pointe de la Lune) prédit l'arrivée d'un temps chaud et d'une eau abondante. Par contre, lorsque le croissant pointe vers le Sud en s'élevant, cela laisse présager du temps froid et de la sécheresse.

L'été, les gens de la région accordent de l'importance aux phases de la Lune. Cette saison amène de la pêche en abondance, de la pluie dans les hautes-terres avoisinantes, qui irriguent les cultures, et une nappe d'eau élevée dans les montagnes, ce qui permet d'alimenter les sources d'eau fraîche de la montagne Chaparri. L'orientation du croissant de lune ascendante s'avère un indicateur culturel de l'abondance à venir.

La murale de la cosmovision du Sicán illustre une époque d'abondance. La divinité du Sicán, Naymlap, a assuré l'abondance, tant sur la terre que dans la mer, par le biais de l'acte suprême du sacrifice humain. Ce geste visait à équilibrer les influences opposées et complémentaires du lever du Soleil, à l'est, et celui de la Lune, à l'ouest. La divinité se tient au centre de l'univers, un *tumi* à la main, reflet de cet équilibre. Le haut du couteau représente le Soleil, et le bas a la forme d'un croissant de lune.

Toutefois, lorsque cet équilibre est rompu, il peut en résulter des conséquences catastrophiques. Il est tentant d'associer la fin du règne de la dynastie de Naymlap à des évènements historiques réels. Une grave sécheresse aurait sévi dans la région de Lambayeque vers les années 1020, qui aurait été suivie d'un *El Niño* aussi désastreux 30 ans plus tard. Les pluies torrentielles enregistrées dans les archives géologiques indiquent que cette inondation fut la plus grave que la région ait connue. D'énormes quantités de sable et de boue se sont enfoncées avec une force considérable sur toute la longueur de la rivière en raison de crues subites et massives. Les effets de ces deux calamités auraient été catastrophiques, engendrant une importante érosion du sol et la famine. Les fouilles archéologiques du lieu culturel du Sicán laissent croire que, vers la même époque, il a été délibérément incendié, puis abandonné.

Ces événements ont-ils un lien avec la légende de Naymlap? La transition entre la période du Sicán moyen et celle du Sicán récent semble s'être faite d'une soudaineté inexplicable, tant pour ce qui est de la disparition brusque de la divinité Sicán dans les arts que de la relocalisation du lieu du culte. Les actes de Fempellec, le descendant de Naymlap, qui auraient déclenché des pluies torrentielles durant 30 jours, pourraient faire allusion à *El Niño*. Si le peuple du Sicán avait été auparavant victime d'une sécheresse ayant duré plusieurs années juste avant l'inondation, il se peut que son mécontentement à l'endroit de la divinité Sicán ait été à son paroxysme. Le peuple aurait-il réagi de manière extrême contre la structure de son pouvoir, reprochant par le fait même à ses chefs les conditions climatiques catastrophiques qu'il venait de connaître? Cela l'aurait peut-être incité à incendier ses sanctuaires religieux, à chasser l'élite au pouvoir et à installer son centre culturel ailleurs qu'à Huaca Las Ventanas.

Réflexions finales

L'emplacement religieux du Sicán se trouve au centre d'un axe est-ouest reliant le monde culturel au monde naturel (figure 4). À l'Est se dresse la montagne Chaparri,

dont le sommet le plus élevé forme un magnifique visage humain surplombant l'océan au loin. Huaca Las Ventanas se situe au centre de l'axe. Il s'agit du point de mire du centre cérémoniel du Sicán et de l'emplacement de la murale de la cosmovision qui tient compte de l'orientation est-ouest du paysage. Plus à l'Ouest s'élèvent les deux sommets de la colline Escute et, enfin, l'île Lobos de Tierra, dans l'océan Pacifique. Par conséquent, les deux emplacements, naturel et culturel, sont empreints de connotations sacrées à plusieurs égards. Dominant cette géographie, la figure de Naymlap relie le paysage sacré du Sicán aux Andes, de même qu'aux trajets et aux influences du Soleil et de la Lune.

[1] La « cosmovision » correspond à une vision globale du monde par un groupe de personnes. Elle repose sur les parties d'une mythologie plus complète embrassant les croyances et les idéologies de ce groupe. Elle est souvent liée à la légitimation politique au moyen d'histoires portant sur les origines et l'organisation de l'univers.

[2] Le fondement linguistique des vallées de Lambayeque et de La Leche doit ses origines à la langue muchik ou mochica. Cette langue était parlée depuis la vallée de Motupe jusqu'à celle de la Chicama-Jequetepeque, dans le Nord du Pérou. La langue muchik était parlée avant les invasions des cultures chimu, inca et espagnole dans les vallées de Lambayeque et de La Leche. On l'appelle aussi « la langue de Naymlap ».

Figure 4

Carte de la côte septentrionale du Pérou
DESSIN : CARLOS ELERA ET J.SCOTT RAYMOND

Map of the north coast of Peru.
MAP: CARLOS ELERA AND J.SCOTT RAYMOND

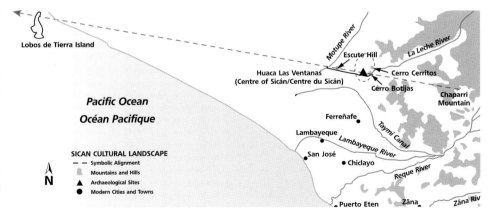

Unraveling the Secrets of the Pre-Hispanic Royal Tomb of Sicán:

wealth, power, memory, and kinship

Dr. Izumi Shimada, Department of Anthropology, Southern Illinois University

Les secrets de la tombe de la royauté préhispanique du Sicán :

richesse, puissance, souvenirs et liens de famille

Izumi Shimada, Département d'Anthropologie, Southern Illinois University

Izumi Shimada draws details of the skeletal remains of the principal personage and associated ornaments at the center of the burial chamber of the East Tomb at Huaca Loro. At the same time, his wife, Melody J. Shimada, who specializes in study of animal remains (zooarchaeology), takes notes on the sekeletal remains.
PHOTO COLLECTION: IZUMI SHIMADA

Izumi Shimada dessine les détails des restes humains du personnage principal et de ses ornements au centre de la chambre funéraire de la tombe Est de Huaca Loro. Par la même occasion, son épouse, Melody J. Shimada, spécialiste de l'étude des restes animaux (zooarchéologie), prend des notes sur les restes humains.
COLLECTION DE PHOTO : IZUMI SHIMADA

Introduction

Humans are the only creatures that habitually and intentionally dispose of their dead by means of burying, cremating, or natural decay. This process is typically associated with ritual performance and offerings. In fact, the disposal of the dead is socially prescribed and shaped by the interplay of various factors pertaining to both the dead and the living relatives and friends, including their social positions, economic wealth, values, and sentiment. Careful burial may result in preservation of not only the bones and soft tissues, but also offerings and remains of ritual activities. In other words, burials and related material remains represent a window through which the archaeologist can learn much about the biological and social aspects of the dead, as well as the broader culture, population, and environment. What we can learn depends largely on the state of preservation and analytical perspectives and methods we adopt. Various activities related to burial, such as preparation of the corpse, funeral, and worship of the dead often take place long before and after burial as well as away from the burial location.

With these considerations in mind, an international and interdisciplinary team of the Sicán Archaeological Project under my direction has engaged since 1990 in a systematic excavation and analysis of burials of a prominent pre-Hispanic culture on the north coast of Peru called Middle Sicán, which existed roughly 1,000 years ago. The primary aim of this study has been to understand the Middle Sicán social organization and religious ideology.

Among some 50 burials we have excavated since 1990 were four elite tombs of impressive dimensions, two of them nearly intact and two disturbed. This chapter focuses on our excavation of one major shaft tomb at the larger site of the Sicán Archaeological Project. This tomb of a Middle Sicán nobleman proved to be a veritable treasure trove in terms of both quantity and quality of grave goods. The precious metal ornaments and ritual paraphernalia of this tomb were dubbed by the

Introduction

Les êtres humains sont les seules créatures qui, par coutume et intentionnellement, inhument le corps des défunts par enterrement, incinération ou le laissent se décomposer de façon naturelle. L'inhumation est généralement liée à des rituels et à des offrandes. En fait, le rituel d'inhumation d'un corps constitue une norme sociale qui varie en fonction de l'interaction de divers facteurs liés à la personne défunte ainsi qu'aux parents et aux amis vivants, notamment leur position sociale, leurs ressources financières, leurs valeurs et leurs sentiments. Une inhumation, soigneusement exécutée, pourra contribuer non seulement à la préservation des os et des tissus mous, mais également à celle des offrandes et des restes des activités rituelles. Autrement dit, les lieux d'inhumation et les objets qui y sont laissés représentent une fenêtre à travers laquelle l'archéologue peut en apprendre beaucoup sur les aspects biologique et social des défunts, de même que sur la culture, la population et le milieu en général. Ce qu'on peut en tirer dépend largement de l'état de préservation ainsi que des perspectives analytiques et des méthodes adoptées. Diverses activités liées à l'inhumation, comme la préparation du cadavre, les funérailles et l'adoration du défunt, ont souvent lieu bien avant et bien après l'inhumation, de même que loin du lieu de la cérémonie.

Cela dit, une équipe internationale et interdisciplinaire du projet archéologique du Sicán réalise, depuis 1990, sous ma direction, la fouille systématique et l'analyse des lieux d'inhumation d'une importante culture préhispanique de la côte septentrionale du Pérou appelée Sicán moyen, qui existait il y a environ un millénaire. L'objectif principal de cette étude vise à comprendre l'organisation sociale et l'idéologie religieuse de cette culture.

Parmi la cinquantaine de lieux d'inhumations que nous avons dégagés depuis 1990, nous comptons quatre tombes élites de dimensions impressionnantes, dont deux sont presque intactes et deux qui avaient déjà été remuées. Ce chapitre porte sur notre fouille d'un puits funéraire principal dans le plus grand site du projet

Peruvian media the "treasure of the Lord of Sicán." Certainly, these objects can be considered "treasure" in the traditional sense, but what we excavated is treasure in other senses as well: it provided both a mine of new knowledge about the Sicán culture and a source of local historical awareness and pride. Thus, I will describe not only the tomb and its contents, but also what they can tell us about the associated culture in general.

Chronological, Geographical, and Research Settings

Sicán is the name for an area in the lower La Leche valley on the north coast of Peru (fig. 2, page 15). In the extinct indigenous Muchik language, it signifies the house or temple of the moon. The Spanish Colonial land deed of the area speaks of its long-standing fame for ancient temples and treasures. I adopted the same name to refer to the prominent pre-Hispanic culture that emerged in this area sometime around A.D. 800. The chronology of the ancient Sicán culture is divided into three periods: Early, Middle and Late (see world history timeline). The Middle Sicán period, A.D. 900–1100, is the era of its cultural florescence. Our research suggests that at its height, Sicán had a centralized, state-level theocratic government and a territory that spanned over 350 km of arid but fertile coastal plain. Watered by some of the largest and longest irrigation canals of the aboriginal New World, this coastal plain was a major breadbasket of the Andean world. Sicán territory subsumed over one-third of the total land under cultivation along the Peruvian coast and comprised a population estimated at a million some 450 years prior to the rise of the Incas to prominence. One of the richest fishing

archéologique du Sicán. La tombe d'un noble du Sicán moyen se révèle un véritable trésor grâce à la quantité et à la qualité des objets funéraires qui s'y trouvent. Les médias péruviens ont surnommé « trésor du Seigneur du Sicán » les précieux ornements métalliques et la panoplie d'objets rituels découverts en ce lieu. Ces objets peuvent sans aucun doute être considérés comme un « trésor » du point de vue traditionnel, mais nos fouilles représentent un trésor dans un autre sens aussi : elles fournissent une foule de nouvelles connaissances sur la culture du Sicán, favorisent la sensibilisation à l'histoire locale et représentent une source de fierté. Aussi décrirai-je non seulement la tombe et son contenu, mais également ce que nous pouvons en déduire à propos de la culture de ce peuple en général.

Cadres chronologique, géographique et de recherche

La région située dans la basse vallée de La Leche, sur la côte septentrionale du Pérou (figure 2), porte le nom de Sicán. Dans la langue indigène muchik, une langue morte, *Sicán* signifie « la Maison ou le Temple de la Lune ». Le nom donné à cette terre par les colonisateurs espagnols en dit long sur sa gloire légendaire engendrée par la présence de ses temples et de ses trésors anciens. J'ai adopté le même nom pour faire référence à la culture préhispanique dominante qui a fait son apparition dans la région vers l'an 800 de notre ère[1]. La chronologie de l'ancienne culture du Sicán est divisée en trois périodes : ancienne, moyenne et récente – voir la chronologie d'histoire du monde. La période du Sicán moyen, qui a duré de 900 à 1100, représente l'ère de son épanouissement culturel. D'après nos recherches, le peuple du Sicán possédait, à son apogée, un gouvernement théocratique doté d'un pouvoir d'État centralisé au sein d'un territoire qui s'étendait sur une plaine côtière aride, mais fertile, de plus de 350 kilomètres. Irriguée par les plus grands et les plus longs canaux du Nouveau Monde autochtone, cette plaine fut un important grenier du monde andin. Ce territoire englobait plus du tiers de l'ensemble des terres cultivables le long de la côte péruvienne et comptait une population estimée à

↑ Figure 7

A highly burnished, black Middle Sicán pottery piece in a burial.
PHOTO: Y.YOSHII/PAS

Poterie noire hautement polie du Sicán moyen dans une sépulture
PHOTO : Y.YOSHII/PAS

→↑ Figure 8

Vertical mold sets used to make Middle Sicán pottery.
PHOTO: IZUMI SHIMADA

Ensemble de moules verticaux ayant servi à la poterie du Sicán moyen
PHOTO : IZUMI SHIMADA

grounds of the world complemented agricultural produce such as maize, beans, squash, ají (chili) peppers, tomato, and yucca (manioc), as well as meat from domesticated llamas, ducks, guinea pigs, and dogs.

Among notable Middle Sicán legacies are its ceramic and metallurgical technologies. For the first time in Peruvian prehistory, Sicán artisans successfully produced in large scale (using molds) highly burnished, black pottery (fig. 7 and 8). Production of arsenic and copper alloys, a type of bronze, and gold alloys also took place on a scale previously unseen in the pre-Hispanic New World. We have already documented at least eight arsenical bronze smelting workshops in the Sicán heartland region of Lambayeque. The ancient Sicán brought the "bronze age" to northern Peru with arsenical bronze widely distributed and permanently replacing copper as the utilitarian metal. Sicán arsenical bronze products included what are believed to have been a primitive medium of exchange or small coins (fig. 9). Metals permeated all facets of the Sicán culture, and differentiated access to alloys apparently served as a visible marker of social status, with arsenical bronze available to commoners and elite alike, but *tumbaga* (≥ 10 karat copper-silver-gold alloys) and gilt copper restricted to the low-echelon elite (table 1, page 87). High echelon elite had access to high-karat gold alloys (typically 14 to18 karats), as well as all other metals.

près d'un million de personnes, et ce, environ 450 ans avant l'ascension des Incas. En plus d'être l'un des plus riches lieux de pêche du monde, cette région agricole produisait du maïs, des haricots, des courges, des piments *ajis* (piments rouges), des tomates et des yuccas (manioc), et apprêtait la chair de plusieurs animaux : lamas, canards, cochons d'Inde, chiens domestiqués.

Parmi les productions remarquables héritées du Sicán moyen, notons la céramique et la métallurgie. Pour la première fois dans la préhistoire péruvienne, les artisans du Sicán ont fabriqué avec succès et à grande échelle (à l'aide de moules) de la poterie noire hautement polie (figures 7, 8). Des alliages d'arsenic et de cuivre, un type de bronze, et des alliages d'or furent également produits sur une échelle jamais vue dans le Nouveau Monde préhispanique. Nous avons déjà produits quantité de renseignements sur au moins huit ateliers de fonderie de bronze arsenical, au cœur de la région Lambayeque du Sicán. Cette civilisation a apporté l'âge du bronze dans le Nord du Pérou en distribuant à grande échelle le bronze arsenical et en remplaçant, de façon permanente, le cuivre comme métal utilitaire[2]. Les produits de bronze arsenical constituaient, selon nous, un moyen d'échange primitif ou de petites pièces de monnaie (figure 9). Les métaux faisaient partie de toutes les facettes de la culture du Sicán et les différences hiérarchiques, pour ce qui est de l'accès aux alliages, servaient apparemment de marques visibles du statut social. Les gens du peuple et l'élite pouvaient se procurer le bronze arsenical, mais le *tumbaga* (un alliage de cuivre, d'argent et d'or d'environ 10 carats) et le cuivre doré étaient réservés à l'élite de l'échelon inférieur (tableau 1). L'élite de l'échelon supérieur avait accès à des alliages d'or de carat élevé (habituellement de 14 à 18 carats), ainsi qu'à d'autres métaux.

Le monopole de la production métallurgique et la distribution de produits ainsi que la pratique intensive de l'agriculture d'irrigation ont certainement soutenu le commerce destiné à l'extérieur de la région du Sicán en ce qui a trait aux biens rituels et aux articles de prestige comme le *spondylus princeps* (coquillage bivalve de

← Figure 9

Examples of the inferred Middle Sicán primitive "money."
PHOTO: IZUMI SHIMADA

Exemples de présumée « monnaie » primitive du Sicán moyen
PHOTO : IZUMI SHIMADA

Monopoly of metallurgical production and product distribution as well as productive intensive irrigation agriculture surely underwrote the Sicán long-distance trade in ritual and other prestige goods such as tropical marine shells of *Spondylus princeps* (brightly rust-coloured bivalve shell known as "thorny oyster") and *Conus fergusoni* (cream-coloured large spiral shell) from coastal Ecuador and perhaps farther north, emerald and amber from Colombia, and gold nuggets from rivers in northeastern Peru. Undoubtedly, the productive economy went hand in hand with the political power and religious prestige enjoyed by the Sicán people. To gain any of these valued goods and maintain their own social prestige and political clout, provincial elites probably had to join or were forced to join Sicán politics and religion.

Human and material resources commanded by the Sicán elite are clearly attested to by the sheer number of major public structures erected in their heartland. There are some 50 monumental, adobe brick, ceremonial mounds ranging in height from at least 10 m to as much as 40 m. These represent the largest concentration of such structures in any one area of pre-Hispanic South America. The capital site of Sicán in the middle La Leche valley was in fact a ceremonial center that was physically dominated by a dozen monumental mounds that either covered or were surrounded by numerous small and large tombs (fig. 10). Atop these platforms were temples, each with impressive colonnades and offerings in enclosed ceremonial precincts decorated with colourful murals of religious iconography (fig. 3, page 63). Craft workshops, storage facilities, and elite residences surrounded the mounds, and detached but extensive commoners' residential settlements encircled the perimeter of the capital.

Overall, the economic wealth, political clout, and religious prestige of the Middle Sicán culture were unrivaled in Peru for its period.

couleur rouille vif, connu sous le nom d' « huître épineuse ») et le *conus fergusoni* (grand coquillage en spirale de couleur crème) de la côte de l'Équateur et peut-être de plus haut au Nord, l'émeraude et l'ambre de la Colombie et des pépites d'or des rivières du Nord-Est du Pérou. Indubitablement, l'économie productive allait de pair avec le pouvoir politique et le prestige religieux que le peuple du Sicán détenait. Pour obtenir ces biens précieux, puis maintenir leur prestige social et leur influence politique, les élites provinciales devaient probablement adopter les politiques et la religion du Sicán ou étaient forcées de le faire.

Le nombre d'importantes structures publiques érigées au cœur de la région démontre clairement l'abondance des ressources humaines et matérielles à la disposition de l'élite du Sicán. Il y a en effet une cinquantaine de grands monticules cérémoniels en brique d'adobe de 10 à 40 mètres de haut. Cela représente la plus grande concentration de ce type de structures de n'importe quelle région de l'Amérique du Sud préhispanique. La capitale du Sicán, au milieu de la vallée de La Leche, était en fait un centre cérémoniel surplombé d'une dizaine de monticules monumentaux qui recouvraient de nombreuses tombes, petites et grandes, ou en étaient entourés (figure 10). Au sommet de ces plate-formes se trouvaient des temples, chacun ceinturé de colonnades impressionnantes et d'offrandes dans des enceintes rituelles fermées, décorées de murales d'iconographies religieuses hautes en couleurs (figure 3). Les ateliers d'artisanat, les magasins et les résidences de l'élite entouraient les monticules, et des arrondissements résidentiels, habités par le peuple, détachés mais étendus, se greffaient au périmètre de la capitale.

Dans l'ensemble, les ressources économiques, l'influence politique et le prestige religieux de la culture du Sicán moyen étaient tout à fait uniques au Pérou durant cette période.

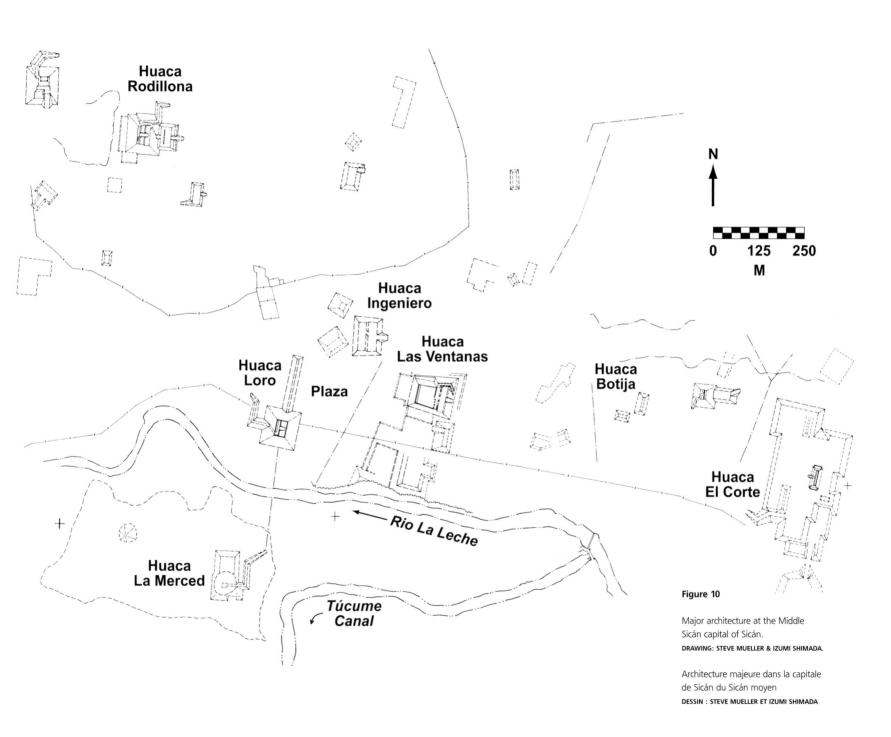

Huaca Rodillona

Huaca Ingeniero

Huaca Loro

Plaza

Huaca Las Ventanas

Huaca Botija

Huaca El Corte

N

0 125 250
M

Rio La Leche

Huaca La Merced

Túcume Canal

Figure 10

Major architecture at the Middle
Sicán capital of Sicán.
DRAWING: STEVE MUELLER & IZUMI SHIMADA.

Architecture majeure dans la capitale
de Sicán du Sicán moyen
DESSIN : STEVE MUELLER ET IZUMI SHIMADA

85

Tomb Excavations

I initiated the Sicán Archaeological Project in 1978 with the long-term research aim of gaining a holistic vision of the largely unknown Sicán culture. More specifically, we sought to define the chronology and environmental setting, as well as developmental processes, internal organization, and major material and ideological features of the Sicán culture. To tackle this ambitious goal, I planned a sustained regional study lasting at least 15 years.

The first field task conducted in 1978 was a survey of the Pomac National Historical Sanctuary (fig. 2, page 15) and the surrounding areas. In the process, we examined thousands of previously looted pits, including deep shafts with telltale signs of the pre-Hispanic tools used to dig them. In two cases, I concluded that, for whatever reasons, looters had abandoned their efforts midway. Several years later, I learned from local inhabitants that looters had exposed deep shafts down to a depth of about 10 m below the ground surface but that ground water had filled the shaft. Because of the water and the added threat of police intervention, the looters had abandoned them. The shafts had been completely buried by a subsequent flood caused by torrential rains accompanying a severe 1983 *El Niño* event, and various trees had started to grow out of what had been open shafts. Few people even remembered that there had been exposed shafts there. They were, however, clearly recorded in my notes and memory, which led to my later discovery at Huaca Loro.

Figure 11

Representation of a Middle Sicán Lord on a litter (gold/silver).
PHOTO: IZUMI SHIMADA

Représentation d'un seigneur du Sicán moyen sur une litière – en or et en argent
PHOTO : IZUMI SHIMADA

La fouille des tombes

J'ai initié le projet archéologique du Sicán en 1978 avec l'objectif à long terme d'obtenir une vision holistique de la culture du Sicán, très peu connue. Plus précisément, j'ai cherché à définir le cadre chronologique et environnemental ainsi que le processus de développement, l'organisation interne et les principales caractéristiques des objets et de l'idéologie de la culture du Sicán. Afin de m'attaquer à cet objectif ambitieux, j'ai planifié une étude régionale soutenue répartie sur une quinzaine d'années.

La première tâche accomplie sur le terrain, en 1978, a pris la forme d'une inspection générale du sanctuaire historique national de la forêt de Pomac et des régions avoisinantes (figure 2). Nous avons examiné des milliers de trous laissés par le pillage, y compris des puits profonds portant les marques révélatrices des outils préhispaniques utilisés pour les creuser. Dans deux cas, j'ai conclu que, peu importe leurs motifs, les pillards avaient cessé leurs efforts à mi-chemin. Plusieurs années plus tard, j'ai appris, par la population locale, que des pillards avaient creusé jusqu'à 10 mètres sous la surface du sol, mais que l'eau souterraine avait rempli ces cavités. L'accumulation d'eau et les menaces d'intervention policière avaient donc forcé les pillards à abandonner les puits, qui ont été complètement couverts à la suite d'une inondation causée par les pluies torrentielles accompagnant la catastrophe *El Niño* de 1983. De nombreux arbres ont commencé à pousser à partir de puits antérieurement ouverts. Peu de gens se souvenaient qu'il y en avait là, à découvert. Toutefois, leur existence était clairement consignée dans mes notes et dans ma mémoire, ce qui m'a mené à ma découverte ultérieure à Huaca Loro.

Vers 1989, notre projet avait permis de mettre en lumière divers aspects clés de la culture du Sicán. Pendant six mois, en 1990, nous avons concentré nos efforts sur une tâche stimulante : définir l'organisation sociale et la religion du Sicán. Les différentes représentations artistiques, comme celle d'un personnage richement

By 1989, our project had clarified various key aspects of the Sicán culture. Starting with a six-month season in 1990, we turned our efforts toward the challenging task of understanding Sicán social organization and religion. Elaborate and rigid social differentiation in this culture had been suspected from various artistic representations such as a depiction of a well-dressed individual on a litter being carried by simply dressed men (fig. 11).

vêtu, transporté sur une litière par des hommes habillés de façon simple (figure 11), permettent d'établir l'existence d'une hiérarchie sociale élaborée et rigide au sein de cette culture. Dans le même ordre d'idées, l'importance d'une religion structurée est suggérée par l'apparition de l'icône de la divinité du Sicán, omniprésente et apparemment immuable. Ces aspects devaient être analysés et élaborés.

Table 1 Tableau 1

	First Tier: High Elite	Second Tier: Low Elite	Third Tier: Commoner	Fourth Tier: Captives, Servants?	
Grave goods					**Biens funéraires**
High-karat gold alloy objects	•				Objets en alliage d'or – carat élevé
Low-karat gold (tumbaga) objects	•	•			Objets en or – carat peu élevé (tumbaga)
Copper-arsenic objects	•	•	•		Objets en cuivre arsenical
Cinnabar paint	•	•			Peinture à base de cinabre
Ochre (hematite) paint			•		Peinture à base d'ocre (hématite)
Semi-precious stone objects	•	•			Objets avec pierres semi-précieuses
Amber	•	•			Ambre
Imported shells (Spondylus princeps, Conus fergusoni)	•				Coquillages importés (spondylus princeps, conus fergusoni)
Shell beads	•	•			Perles en coquillages
Double-spout bottles	•	•			Flacons à goulot double
Single-spout bottles	•	•	•		Flacons à goulot simple
Utilitarian plain and/or paddle-decorated (paleteada) pottery			•	•	Poterie utilitaire simple et (ou) poterie paleteada
Burial position					**Position d'enterrement**
Seated	•	•	•		Assise
Extended		•	•	•	Étendue
Flexed		•	•	•	Repliée
	Premier échelon : élite supérieure	Deuxième échelon : élite inférieure	Troisième échelon : gens du peuple	Quatrième échelon : captifs, serviteurs?	

Similarly, the importance of organized religion had been suggested by the pervasive and seemingly invariable appearance of the Sicán Deity icon. These ideas awaited testing and elaboration.

The basic strategy adopted was an interdisciplinary analysis of Sicán burials and mortuary practices. Such an interpretation is difficult because excavated burials often over- or under-represent certain social segments and thus do not accurately represent the prehistoric population under study. This is due in part to grave looting, which targets "elite tombs" with "valuable" goods. However, confident of gaining a sample of burials representing much of the Middle Sicán social spectrum, we began tomb excavation at the site of Sicán in 1990. Years of studying thousands of looted tombs provided useful information for locating intact tombs.

Excavation plans became feasible in 1991 with the convergence of favourable physical, social, scholastic, and financial conditions. By this time, we had a fair knowledge of the Sicán culture and a productive and congenial team of complementary specialists from diverse disciplines and countries.

In general, the local people had come to understand the importance of our research aims and voiced strong support for implementation of the plan. Local workers had become highly skilled and were ready to face the uncertainties and complexity of the excavation.

The establishment of a long-term collaborative relationship between our project and the Museo de la Nación, a major national museum in Lima, complemented the interdisciplinary team and provided secure and ample storage and laboratory facilities for post-excavation work. The groundwater level had gone down to some 16 m below the surface due to a succession of dry years since the 1983 *El Niño*. Finally, generous financial support was provided by the Shibusawa Ethnological Foundation of Japan and the Tokyo Broadcasting System to cover the high cost of fieldwork and subsequent laboratory and conservation works.

La stratégie de base que nous avons adoptée consistait en l'analyse interdisciplinaire des lieux d'enterrement de la culture du Sicán et de ses pratiques mortuaires. Il est difficile de proposer une telle interprétation parce que, souvent, les lieux d'inhumation fouillés sous-représentent ou encore surreprésentent un certain segment social, ce qui ne permet pas réellement de se faire une représentation juste de la population préhistorique à l'étude. Cette situation est attribuable, en partie, aux pilleurs qui ciblent les « tombes élites » contenant des « objets de valeur ». Cependant, puisque nous savions qu'il était possible d'obtenir un échantillon de tombes représentant, de façon générale, l'ensemble du spectre social du Sicán moyen, nous en avons commencé la fouille en 1990. Les années passées à étudier des milliers de tombes pillées nous ont permis d'en trouver qui étaient demeurées intactes.

Les plans de fouilles sont devenus réalisables en 1991, grâce à la convergence favorable de facteurs physiques, sociaux, scolaires et financiers. À ce moment, nous possédions une connaissance suffisante de la culture du Sicán et étions dotés d'une équipe productive et efficace de spécialistes issus de divers pays et disciplines, et qui se complétaient. En général, la population locale avait saisi l'importance de l'objectif de notre recherche et appuyait fortement la mise en œuvre de notre plan. La main-d'œuvre locale était devenue très qualifiée et était prête à faire face aux incertitudes et aux complexités des fouilles. L'établissement d'une relation de collaboration à long terme entre notre projet et le Museo de la Nación (Musée de la Nation), un grand musée national de Lima, a permis de compléter l'équipe interdisciplinaire et d'obtenir amplement d'espace d'entreposage et de laboratoires pour la fin des travaux de fouilles. Le niveau de l'eau souterraine avait baissé à environ 16 mètres sous la surface en raison de plusieurs années de sécheresse après *El Niño,* en 1983. Finalement, la Shibusawa Ethnological Foundation of Japan et la chaîne de télévision Tokyo Broadcasting System ont apporté un soutien financier généreux pour couvrir les frais élevés des travaux sur le terrain et, par la suite, les analyses en laboratoire et les opérations de restauration.

The East Tomb: A Veritable Treasure Trove

Our six-month excavation (1991–92) of a 1,000-year-old Middle Sicán elite shaft tomb at the base of the monumental mound called Huaca Loro represented the first scientific documentation of such tombs. The East Tomb is so named because it is located at the east corner of the juncture formed by a 150 m long adobe platform (running north–south) abutting the north face of the Huaca Loro mound (a truncated pyramid 80 m square and 35 m high; fig. 10, page 85 and fig. 12, page 90).

The East Tomb was a square (3 by 3 m), 11 m deep vertical shaft carved out of superimposed, compacted layers of flood deposits of sand, silt, and clay. The bottom portion of the shaft corresponded to the burial chamber (fig. 13, 14, page 90) which contained skeletons of five individuals (an adult male, two young adult women, and two juveniles) and more than a ton of diverse grave goods. Over two-thirds of these goods, by weight, were objects of arsenical bronze, *tumbaga* or low-karat gold, silver and copper alloys, and high-karat gold alloys. The chamber walls contained seven niches of varying sizes in the four surrounding walls, each carefully sealed with mud plaster. The following summary of the tomb contents and organization proceeds from the bottom, the first items to have been placed in the burial chamber, to the top, the last items.

As seen in figure 15 (page 95) the physical and symbolic focus of the tomb was the inverted body of a 40- to 50-year-old robust male, painted with cinnabar (an intensely red mercuric sulfide mixed with an organic substance). The body was placed at the center of the burial chamber with the entire grave contents arranged concentrically and superimposed in layers on, around, and beneath it. The body lay on a large rectangular cloth mantle (long since perished) spread over the center of the mat-covered earthen floor of the burial chamber. This mantle had nearly 2,000 small gold foil squares sewn on in orderly rows. This man was buried wearing and surrounded by gold ornaments: a *tumi* knife next to his left hand, a pair of gold shin-covers next to his

La tombe Est, un véritable trésor

Notre excavation d'une durée de six mois (1991-1992) d'un puits funéraire de l'élite du Sicán moyen datant de 1 000 ans, à la base de la colline monumentale appelée Huaca Loro, représentait la première acquisition de données scientifique sur ce type de tombes. La tombe Est se nomme ainsi parce qu'elle est située dans le coin est de l'emboîture formée par une plateforme en briques d'adobe, longue de 150 mètres (allant du nord au sud), aboutissant au nord de la colline Huaca Loro, une pyramide tronquée d'une superficie de 80 mètres sur 80 et d'une hauteur de 35 mètres (figures 10, 12).

La tombe Est était un puits vertical carré (trois mètres sur trois) de 11 mètres de profondeur, sculpté dans des couches superposées et compactes de dépôts de sable, de limon et d'argile laissés par des inondations. Au fond se trouvait la chambre d'inhumation (figures 13, 14), qui contenait le squelette de cinq personnes (un homme adulte, deux jeunes femmes et deux enfants) et plus d'une tonne d'objets funéraires divers. Plus des deux tiers de ces objets, par leur poids, étaient en bronze arsenical, en *tumbaga* ou en alliages à faible teneur en or d'argent et de cuivre ou encore, en alliages à teneur élevée en or. Dans les quatre murs de la chambre étaient creusées sept niches de différentes dimensions, chacune bien recouverte de plâtre de boue. Le résumé qui suit présente le contenu et l'organisation de la tombe à partir du bas, où se trouvent les premiers articles à avoir été placés dans la chambre, puis vers le haut, où avaient été installés les derniers.

Comme le montre la figure 15, le point de mire physique et symbolique de la tombe Est était le corps d'un homme robuste, dans la quarantaine, la tête vers le bas, peint de cinabre – sulfure mercurique rouge vif, mélangé avec une substance organique. Le corps était placé au centre de la chambre et tout le contenu de la tombe était arrangé de façon concentrique et superposée en couches, au-dessus de la dépouille, autour et en dessous. Le corps reposait sur un grand linceul

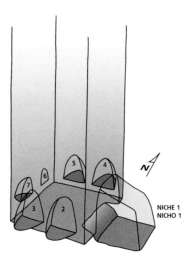

← Figure 12

An isometric reconstruction drawing of the Huaca Loro mounds and locations of the shaft tombs.
DRAWING: STEVE MUELLER & IZUMI SHIMADA

Dessin isométrique de reconstruction des monticules de Huaca Loro et emplacement des puits de tombes
DESSIN : STEVE MUELLER ET IZUMI SHIMADA

→ Figure 14

An isometric reconstruction drawing of the East Tomb with vertical shaft, seven niches and bottom of the shaft.
DRAWING: IZUMI SHIMADA.

Dessin isométrique de reconstruction de la tombe Est avec son puits vertical, sept niches et le fond du puits
DESSIN : IZUMI SHIMADA

INFERRED TOMB (1997)

INFERRED TOMB (1997)

WEST TOMB (1995-6)

EAST TOMB (1991-2)

N

NICHE 1
NICHO 1

crossed legs, a hinged gold backflap above his hips, and superimposed amber, amethyst, shell, and other bead pectorals on his chest. His head was detached and rotated so as to be right side up and placed in front of the body looking west. His face was covered by a large gold mask (fig. 16, and see front cover) and he wore a pair of large gold earspools (fig. 17) and an ingeniously designed nose clip that was slotted onto the nasal septum. Immediately below the ears were two additional sets of gold hanging ear ornaments. His head with the mask and nose and ear ornaments mirrored the Sicán Deity's head, the pervasive hallmark icon of Middle Sicán religious art.

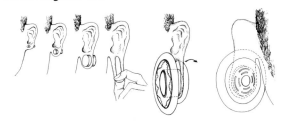

The first and the largest of the seven niches, an eastward extension of the burial chamber, was the first area to be filled with grave goods: (fig. 15, page 95) about 300 kg of *tumbaga* sheetmetal scraps, two silver alloy *tumi* knives, a black ceramic bottle, at least six *tumbaga* masks, and an oblong concentration of gold foil squares. These squares were layered at least four layers deep in a lattice layout.This concentration is possibly all that remained of a folded cloth with thousands of foil squares sewn on. Next to the foil cluster were layers of orderly rows of about 1,500 bundles of what we have interpreted as primitive coin currency. This cache probably contains close to 20,000 coins weighing some 25 kg in total. Between two large clusters of minerals (predominantly sodalite, amethyst, clear quartz, amber) and shell beads toward the front of the niche was an impressive cache of at least two dozen *tumbaga* sheet objects, predominantly masks, *tumi* shaped crown ornaments, and large discs. Due to corrosion, they had become brittle and stuck to each other, and so the exact alloy composition or number of objects in this cache remain undetermined.

rectangulaire de tissu (détérioré depuis longtemps) étendu au centre du plancher de terre, recouvert d'un tapis. Le linceul était orné de quelque 2 000 petits carrés en feuilles d'or cousus en rangées. Au moment de son enterrement, l'homme portait des ornements en or et on en avait aussi disposé d'autres autour de sa dépouille, dont un couteau *tumi*, près de la main gauche, une paire de couvre-tibias en or, à côté des jambes, croisées, une charnière en or, sur les hanches, et des pectoraux d'ambre, d'améthyste, de coquillages et d'autres perles, sur la poitrine. La tête était détachée et placée à l'endroit, en face du corps, tournée vers l'ouest. Le visage était couvert d'un gros masque en or (figure 16 et page couverture) et il portait une paire de gros tampons d'oreille en or (figure 17) et un pince-nez ingénieux, inséré dans la cloison nasale. Juste au-dessous des oreilles se trouvaient deux autres paires de tampons d'oreille en or. La tête, par son masque et ses bijoux de nez et d'oreilles, reflète celle de la divinité du Sicán, emblème omniprésent de l'art religieux du Sicán moyen.

La première et la plus grande des sept niches, un prolongement vers l'est de la chambre d'inhumation, fut la première aire à être remplie d'objets funéraires (figure 15) : environ 300 kilos de ferraille de tôlerie *tumbaga*, deux couteaux *tumi* en alliage d'argent, une bouteille noire en céramique, au moins six masques *tumbaga* et une concentration oblongue de carrés de feuilles d'or. Ces derniers étaient superposés sur au moins quatre couches d'épaisseur et disposés en forme de treillis. Cette concentration est peut-être tout ce qui restait d'un tissu plié, constitué de milliers de ces carrés cousus ensemble. À côté du groupe de feuilles d'or étaient disposées des couches de rangées ordonnées d'environ 1 500 amas d'objets ayant servi, selon notre interprétation, de monnaie primitive. Cette cache contenait probablement près de 20 000 pièces, pesant près de 25 kilos au total. Entre deux gros groupes de minéraux (surtout de la sodalite, de l'améthyste, du quartz clair et de l'ambre) et des perles de coquilles ou coquillages, vers l'avant de la niche, se trouvait une impressionnante cache comportant au moins une

However impressive the contents of the niche, it was just the beginning of the long process of preparing the burial chamber. Placed farther afield from the body of the central personage were a number of large items such as a 1.7 m long standard thought to have been displayed at the head of processions, a 2 m long decorated staff (fig. 18), and a pair of 90 cm long gold gloves. The left glove held a gold-silver rattling beaker decorated with repoussé images of the standing Sicán Lord, the early alter-ego of the Sicán Deity (fig. 19, page 42).

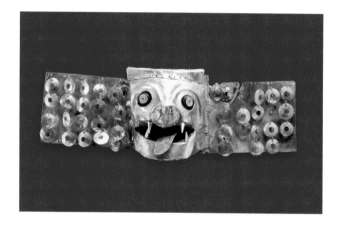

Additional gold objects included a forehead ornament with a striking, sculptural bat head (fig. 20): the gold-smith tucked, gathered, clipped, and stitched gold sheets to create a compelling high-relief rendering of a bat's facial details. The head shows the short muzzle, folded nostrils, sharp fangs, and long, narrow tongue characteristic of vampire bats, relatively common today around the Sicán site.

Near the left glove was a cluster of six pairs of gold ear-spools of two different sizes, a large bead cluster (primarily of turquoise), and a double-spout ceramic bottle wrapped in sheetmetal (totally mineralized; fig. 21). The large earspools were made of highly polished and workable high-karat gold sheet (approximately 60-70% gold, 30-40% silver, and 1-3 % copper) and displayed complex, innovative designs, meticulous workmanship, and mastery of a number of difficult techniques, such as

vingtaine d'objets en feuilles *tumbaga*, principalement des masques, des couronnes de la forme d'un *tumi* et de grands disques. En raison de la corrosion, ces trésors étaient devenus fragiles et collés les uns sur les autres. Voilà pourquoi la composition exacte des alliages ou le nombre exact d'objets de cette cache restent indéterminés.

Le contenu de la niche avait de quoi impressionner; il ne s'agissait pourtant que du début d'un long processus de préparation de la chambre d'inhumation. Un peu plus loin du cadavre du personnage central se trouvait un certain nombre de grands objets, entre autres, un étendard de 1,7 mètre de long, qui aurait pu être déployé à la tête des cortèges, un bâton décoré, de 2 mètres de long (figure 18) et une paire de gants en or, de 90 centimètres de long. Le gauche tenait un gobelet à secouer en or et en argent orné d'images en relief du Seigneur du Sicán, l'ancien alter ego de la divinité du Sicán (figure 19, page 42).

Les autres objets en or incluaient un ornement frontal doté d'une sculpture de la tête d'une « chauve-souris » frappante (figure 20); l'orfèvre a assemblé, attaché et piqué des feuilles d'or pour créer le haut relief convaincant des détails du visage d'une chauve-souris. La tête arbore le museau court, les narines repliées, les crocs acérés ainsi que la longue et étroite langue caractéristique de la chauve-souris vampire, relativement commune de nos jours autour du site du Sicán.

Près du gant gauche reposaient six paires de tampons d'oreille de deux différentes grosseurs, un grand amas de perles (en majorité des turquoises) et un flacon à double goulot en céramique, enveloppé dans de la tôle (entièrement minéralisée; figure 21). Les grands tampons étaient fabriqués à partir d'un alliage d'or à carat élevé, bien poli et malléable (environ de 60 à 70 pour cent de teneur en or, de 30 à 40 pour cent en argent et de 1 à 3 pour cent en cuivre) et ornés de motifs complexes et novateurs. C'était là le fruit d'un travail méticuleux, effectué à partir d'un certain nombre de techniques difficiles, comme la granulation et

granulation and filigree made out of thin hand-forged wires (fig. 22, page 52). They represent the apex of pre-Hispanic goldsmithing. The similar alloy composition and clear stylistic and technical unity found among these earspools, as well as those on the head of the principal personage and his gold mask, suggest that they were made in the same workshop or even by the same master goldsmith(s).

One other major component of the bottom level of grave contents were two gracile women, 30 to 35 years of age, carefully positioned at the northwest corner of the burial chamber floor. One woman was seated with her back against the north wall and faced the other, who lay in an unusual prone position on the floor (figs. 15, 23). Their high social status is suggested by gold ornaments on clothing that had long since perished. Each had one silver-copper alloy *tumi* knife (a semi-circular blade with a rectangular shaft) and two silver-rich alloy "daggers" (the wooden hilts had since perished). Though resembling each other in attire, the woman on the floor likely held a higher social rank than the other woman. She wore not only more and higher-karat gold ornaments than the other woman, but also a shell bead pectoral, and she was accompanied by two gold, ceremonial dart throwers. Both dart throwers were ingeniously built by wrapping plain gold sheets around wooden rods and anchored by hand-forged sharp, tiny gold nails dipped in tar.

Overall, the lowest level of the tomb consisted of the principal personage, along with his personal ornaments and objects that seem emblematic of his status, role, and power. Placed at a distance were his adult female companions. Farthest away were less personal objects that may have been the products and byproducts (particularly scrap metal) of his presumed subjects.

Before the next level of offerings was placed, many of the items already in place appear to have been painted with cinnabar, including the forehead of the two women, bead clusters, and various gold objects on the floor. It appears that the exterior of the funerary

le filigrane fait de minces fils métalliques forgés à la main (figure 22)[3]. Les tampons d'oreilles représentent l'apogée de l'orfèvrerie préhispanique. La composition semblable des alliages et l'unité technique et stylistique bien définie qui caractérisent ces ornements d'oreilles, ainsi que ceux placés sur la tête du personnage principal et son masque d'or, laissent supposer qu'ils ont été fabriqués dans le même atelier et même par le ou les mêmes maîtres orfèvres.

Un élément important de l'étage inférieur du contenu de la tombe : la présence des dépouilles de deux femmes graciles, âgées de 30 à 35 ans environ, positionnées avec soin au coin nord-ouest du plancher de la chambre d'inhumation. L'une était assise adossée au mur nord et faisait face à l'autre, qui se trouvait dans une position assez inhabituelle sur le sol (figures 15 et 23). Leur statut social élevé était illustré par des ornements en or sur leurs vêtements, détériorés depuis. Chacune avait un couteau *tumi* en alliage d'argent et de cuivre (lame semi-circulaire à manche rectangulaire) et deux dagues, fabriquées d'un alliage riche en argent, dont la poignée, en bois, s'était détériorée. Malgré leur tenue vestimentaire semblable, les femmes n'avaient pas le même statut social. Celle qu'on avait allongée sur le sol appartenait probablement à une classe plus élevée. Sa dépouille était parée de plus d'ornements en or et de carats élevés, et portait également un pectoral de perles de coquillages en plus de disposer de deux lance-fléchettes de cérémonie en or. Ceux-ci avaient été fabriqués ingénieusement de tiges de bois enveloppées de feuilles d'or lisse, ancrées à l'aide de clous en or miniatures, aiguisés à la main et trempés dans du goudron.

L'étage inférieur de la tombe contenait donc le personnage principal ainsi que ses ornements et ses objets personnels, qui semblaient symboliser son statut, son rôle et son pouvoir. À une certaine distance de lui reposaient ses compagnes. Un peu plus loin étaient étalés des objets moins personnels, lesquels pouvaient être les produits ou les sous-produits (particulièrement de la ferraille) de ses sujets présumés.

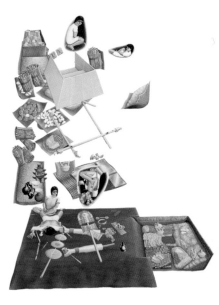

↑ **Figure 15**

An "exploded" reconstruction view of the contents and the organization of the East Tomb.
DRAWING: IZUMI SHIMADA & C. SAMILLÁN

Dessin « éclaté » de reconstruction du contenu et de l'organisation de la tombe Est
DESSIN : IZUMI SHIMADA & C. SAMILLÁN

← **Figure 23**

Excavation view of two women at the northwest corner of the burial chamber.
PHOTO: IZUMI SHIMADA

Vue de la fouille des deux femmes au coin nord-ouest de la chambre d'inhumation
PHOTO : IZUMI SHIMADA

bundle containing the mummified corpse of the principal personage was also painted at the time of interment. A deposit of cinnabar paint in a small pit in the floor likely represents what remained from this ritual painting. The large gold mask was probably painted prior to the interment; a layer of cinnabar paint mixed with a strong organic binder had been carefully applied to the mask, and to this day it remains well adhered to its surface.

The next level of grave goods had a different character, being impersonal and non-ornamental. Only two gold objects pertain to this level. Instead it was dominated by 15 bundles of some 30 arsenical bronze implements, each along or near the edges of the burial chamber; two piles of *tumbaga* sheetmetal scraps; and one pile each of whole *Spondylus princeps* and *Conus fergusoni* shells (fig. 24). Scraps were piled 40 to 45 cm high at the northwest and southeast corners of the burial chamber.

This level contained 489 arsenical bronze implements weighing some 200 kg overall. These implements were cast and hammered to shape, but the great majority do not appear to have been finished or used. Although they resemble digging sticks or spear points, as with many hardly fired ceramic vessels found in Sicán tombs, these objects may have been strictly intended as funerary offerings and not manufactured in the same ways or sizes as their utilitarian counterparts.

The total numbers of *Spondylus princeps* and *Conus fergusoni* shells (179 and 141, respectively) are impressive and emphasize the importance of these imported ritual items for the Sicán people. This is the largest single cache of these shells documented to this day in the Andes (fig. 25). Generally, Sicán commoners were buried with not even a fragment of these shells. The specimens in these piles (typically weighing about one kg each), as compared to those found in shell workshops and other settings, indicate that they are exceptionally large, complete, and brightly coloured. The *Spondylus* pile was subdivided into the more common reddish ones and the rarer rust-coloured specimens.

Avant que le prochain étage d'offrandes soit installé, de nombreux articles, déjà en place, semblaient avoir été couverts de cinabre, y compris le front des deux femmes, l'amas de perles et divers objets en or sur le sol. La surface extérieure du linceul enveloppant le cadavre momifié du personnage principal a sans doute aussi été enduite au moment de l'enterrement. Un dépôt de cinabre, dans un petit trou du sol, serait probablement le reste de la peinture rituelle. Le grand masque en or a pu être soigneusement recouvert, avant l'enterrement, d'une couche de la même peinture, mélangée à un agent liant organique puissant. Cette couche a subsisté.

L'étage suivant, rempli d'objets, arborait un caractère différent : impersonnel et exempt d'ornements. Nous n'y avons trouvé que deux objets en or. Toutefois, le lieu comptait 15 amas d'une trentaine d'outils en bronze arsenical, chacun se trouvant le long des limites de la chambre d'inhumation ou tout près; deux piles de ferraille de tôle *tumbaga*; une pile de coquillages *spondylus princeps* et une autre de *conus fergusoni* (figure 24). La ferraille s'empilait sur une hauteur de 40 à 45 centimètres, aux coins nord-ouest et sud-est de la chambre.

Cet étage contenait 489 outils en bronze arsenical pesant environ 200 kilos au total. Ils avaient été moulés et martelés pour leur donner leur forme, mais la plupart semblaient ne pas avoir été complétés ou utilisés. Même s'ils ressemblent à des bâtons fouisseurs ou à des pointes de lance, ces objets, comme les nombreux récipients en céramique à peine cuits trouvés dans les tombes du Sicán, peuvent avoir été fabriqués en guise d'offrandes funéraires et non conçus de la même manière ou de la même grandeur que leurs équivalents utilitaires.

Le nombre total de coquillages de *spondylus princeps* et de *conus fergusoni* (179 et 141 respectivement) est impressionnant et fait ressortir l'importance de ces articles importés pour les rituels du peuple du Sicán. Il s'agit là de la plus grande cache de ces coquillages jamais trouvée « officiellement » dans les Andes à ce jour (figure 25). En général, quand les gens du peuple du Sicán

Figure 25

Clusters of *Spondylus princeps* and *Conus fergusoni* shells with a bundle of arsenical bronze implements. To right side is the carved wooden litter pole.
PHOTO: IZUMI SHIMADA

Piles de coquillages de *spondylus princeps* et *conus fergusoni* et amas d'outils en bronze arsenical. À droite se trouve le poteau décoré en bois dur de la litière.
PHOTO : IZUMI SHIMADA

↓ & ← ← *Spondylus princeps.*
PHOTO: Y.YOSHII/PAS
PHOTO : Y.YOSHII/PAS

→ **Figure 24**

Distribution of the grave goods in the second level of the burial chamber. Aerial view showing principal personage (crossed legs and pelvis). Body is visible at centre.
DRAWING: IZUMI SHIMADA & C.SAMILLÁN

Répartition des biens funéraires au deuxième étage de la chambre d'inhumation. Vue aérienne montrant le personnage principal (ses jambes croisées et son bassin). Le corps est visible au centre.
DESSIN : IZUMI SHIMADA ET C.SAMILLÁN

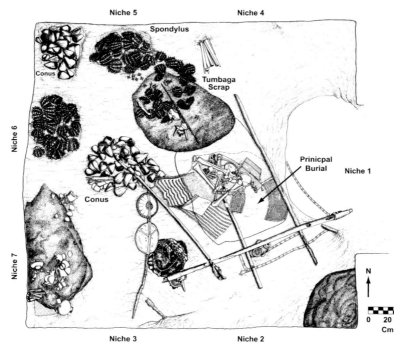

Niche 5 Niche 4
Spondylus
Conus
Tumbaga Scrap
Niche 6
Prinicpal Burial
Niche 1
Conus
Niche 7
N
0 20 4
Cm
Niche 3 Niche 2

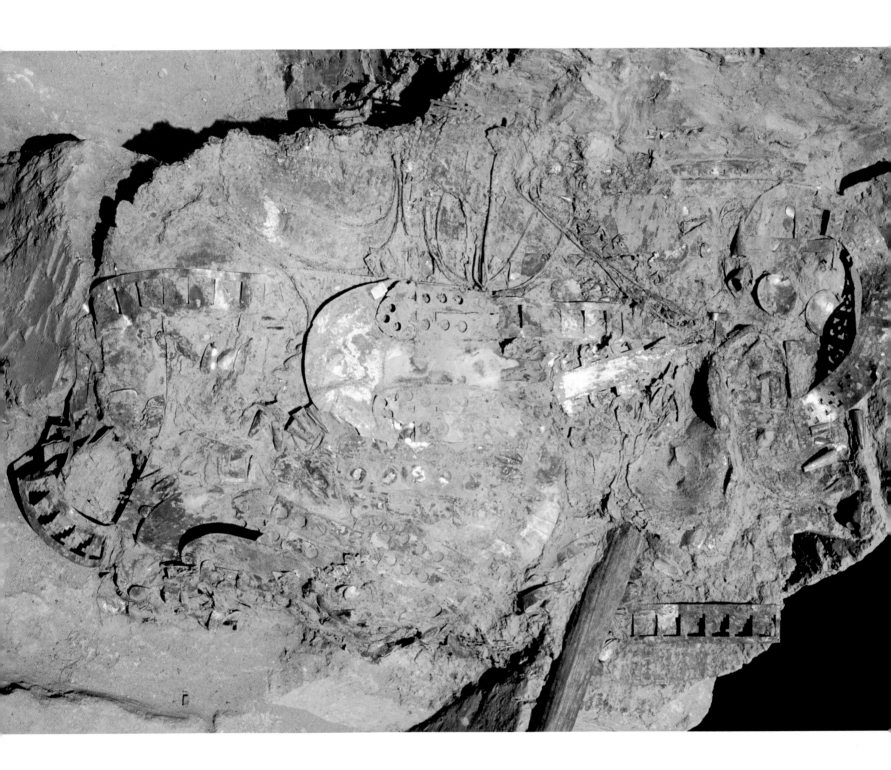

Perhaps most responsible for creating the impression that the East Tomb was a treasure trove is a chest discovered on the next (third) level at the northwest corner of the burial chamber (fig. 26, page 100). It contained at least 24 superimposed layers of over 60 large ornaments and ritual paraphernalia (e.g., rattles, crowns, head bands, and crown ornaments), most of them masterfully formed of gold sheets. The chest contents were carefully organized by size and category. At the bottom were the largest objects, four gold and *tumbaga* parabolic head ornaments (fig. 27). Overlying them were 14 gold discs, each with a silver alloy border, ridges in a "spoked-wheel" pattern, and a circular center covered with pasted-on bird feathers. They may have been used as ornaments on the back of the head or crown, as seen on various Sicán figurines. The discs, in turn, were overlain by a dozen gold, gold-silver, and *tumbaga* head ornaments in the shape of *tumi* knives, and six sets of large gold feathers, one set of 90 small gold

étaient enterrés, pas même un fragment de ces coquillages les accompagnaient. Les spécimens de ces piles (qui pesaient environ un kilo chacun), comparativement aux spécimens trouvés dans les ateliers et dans d'autres milieux, laissent croire que leur taille, leur intégralité et leurs vives couleurs sont exceptionnelles. La pile des *spondylus* était divisée en deux couleurs : des spécimens rougeâtres, plus courants, et les autres, plus rares, de couleur rouille.

L'un des éléments qui nous a persuadés que cette tombe s'avérerait un trésor fut sans doute ce coffre découvert à l'étage suivant, le troisième, au coin nord-ouest de la chambre d'inhumation (figure 26). Ce coffre renfermait au moins 24 couches superposées d'une soixantaine de gros ornements et d'une panoplie d'articles servant dans le cadre de rituels (hochets, couronnes, bandeaux et ornements de couronnes, entre autres), dont la plupart étaient minutieusement constitués de

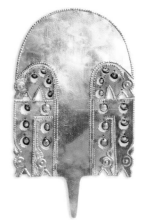

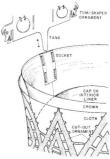

↑ **Figure 29**

Construction details of a crown and how the tang of a *tumi* shaped ornament would have fit into a socket on the interior of the crown.
DRAWING: IZUMI SHIMADA

Détails de la fabrication d'une couronne et de la façon dont la soie d'un ornement en forme de *tumi* entrait dans une douille située à l'intérieur de la couronne.
DESSIN : IZUMI SHIMADA

← ← **Figure 26 &** ← **Figure 28**

Contents seen in a middle level of the chest of gold objects.
DRAWING: CÉSAR SAMILLÁN
PHOTO: IZUMI SHIMADA

Contenu du milieu du coffre d'objets en or
DESSIN : CÉSAR SAMILLÁN
PHOTO : IZUMI SHIMADA

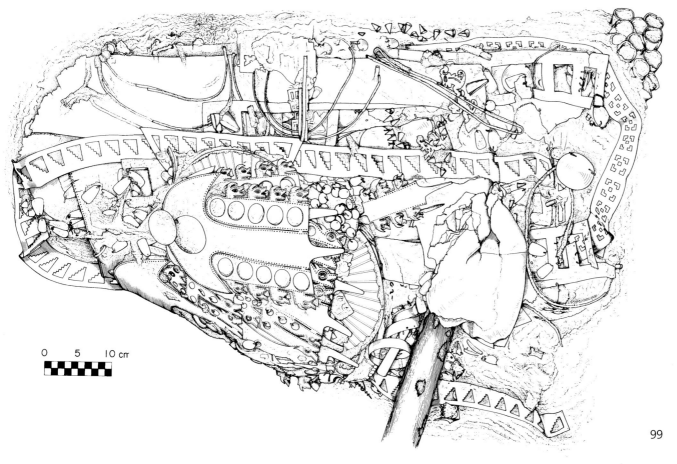

O   5   10 cm

99

feathers, and three *tumbaga* "fans" (fig. 28, page 99). The small feathers are believed to have trimmed the perimeter of one of the parabolic headdresses, along with real bird feathers attached with string.

Placed around the feathers were four gold rattles that were apparently mounted atop short wooden shafts long since perished, two wooden darts wrapped in *tumbaga* foil, numerous small gold conical ornaments, and four gold head bands. At the top of the chest were five crowns, accompanied by five intricately cut-out gold sheetmetal ornaments that had originally been sewn onto a cloth backing and placed on the crown exterior as interchangeable ornaments (fig. 29, page 99).

Essentially, the chest contained precious head ornaments believed to have been used by the principal personage and the two accompanying women. None was

feuilles d'or. Le contenu était soigneusement organisé en fonction de la taille et de la catégorie des articles. Les plus gros, quatre ornements de tête paraboliques en or et en *tumbaga* (figure 27), étaient étalés au fond. Juste au-dessus, 14 disques en or, chacun arborant des rebords en alliage d'argent, des crêtes obéissant à un motif de roues à rayons et un centre circulaire, recouvert de plumes d'oiseaux qui y avaient été collées. Peut-être ces objets servaient-ils d'ornements à l'arrière de la tête ou de la couronne, comme le laissent croire diverses figurines du Sicán. Sur les disques reposaient une dizaine d'ornements de tête en or, en mélange d'or et d'argent, et en *tumbaga* de la forme de couteaux *tumi*, et six ensembles de grosses plumes en or, un autre de 90 petites plumes en or et trois « éventails » en *tumbaga* (figure 28). Ces dernières ont dû servir à la décoration de la bordure de l'une des coiffes paraboliques, en plus de vraies plumes d'oiseaux fixées à l'aide de ficelle.

Figure 27

Three large parabolic head ornaments found at the bottom of the chest in the third (highest) level of the grave goods.
DRAWING: IZUMI SHIMADA & C.SAMILLÁN

Trois grandes coiffes paraboliques trouvées au fond du coffre situé au troisième étage (le plus élevé) des biens funéraires.
DESSIN : ZUMI SHIMADA ET C.SAMILLÁN

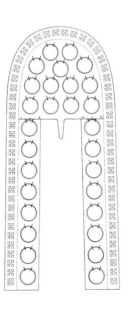
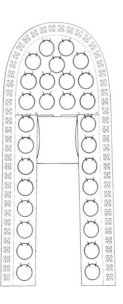
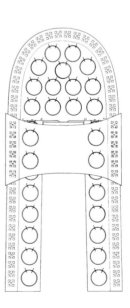
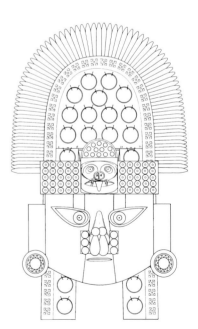

100

buried wearing his or her head ornaments (except for the ear ornaments), but the crowns and headbands had different circumferences that approximated those of their skulls and showed use-related damages.

Probably at about the same time as the chest was placed, a detached litter seat (shaped like a truncated pyramid) was put at the center of the burial chamber above the shell piles. All preserved parts of the litter were made of cane and wood covered or wrapped with paper-thin golden *tumbaga* sheets. Decorated hardwood poles used to carry this litter seat were found together with shell and scrap piles. The principal personage of the tomb was likely carried on this litter (fig. 11, page 86).

Perhaps the last item to be placed in the burial chamber was a juvenile body 12 to 13 years of age, probably female (fig. 15, page 95). She was carefully positioned

Quatre hochets en or, qui semblaient montés sur de petites poignées en bois détériorées depuis longtemps, deux fléchettes en bois enveloppées de feuilles *tumbaga*, de nombreux petits ornements coniques en or et quatre bandeaux en or entouraient les plumes. Sur le dessus du coffre étaient montées cinq couronnes accompagnées de cinq ornements en tôlerie d'or, finement taillés, qui avaient d'abord été cousus sur une étoffe et placés sur l'extérieur de la couronne en guise d'ornements interchangeables (figure 29).

Dans l'ensemble, le coffre recelait de précieuses coiffes qui avaient probablement servi au personnage principal et aux deux femmes qui l'accompagnaient. Aucune des personnes n'avait été enterrée avec un ornement sur la tête (à l'exception des ornements d'oreilles). Cela dit, la circonférence des couronnes et des bandeaux était différente, correspondant à peu près à la tête des trois personnes et montrant des signes d'usure.

atop the litter seat to look directly at the rotated, westward-facing head of the principal personage about a meter below. The roof was then constructed to seal the burial chamber and the tomb shaft filled in. Remains of disturbed burials at two corners of the tomb mouth suggest that some individuals were sacrificed and buried at the time the tomb was sealed.

Au moment du dépôt du coffre dans la chambre d'inhumation, on a sans doute ajouté en son centre, au-dessus des piles de coquillages, un siège détaché de la litière – en forme de pyramide tronquée. Les parties conservées de la litière étaient fabriquées de canne ou de bois, ou des deux, recouvertes ou enveloppées de minces feuilles dorées de *tumbaga*. Les pôles décorées, en bois dur, qui servaient au transport de ce siège ont été retrouvées dans les piles de coquillages et de ferraille. Il est probable que le personnage principal de la tombe ait été transporté sur cette litière (figure 11).

Le dernier élément placé dans cette chambre fut probablement le corps d'un enfant (de 12 ou 13 ans, probablement une fillette) (figure 15). Elle avait été déposée soigneusement sur le siège de la litière, ses yeux orientés directement vers la tête du personnage principal faisant face à l'ouest, situé un mètre plus bas. Le toit avait ensuite été construit dans le but de sceller la chambre d'inhumation, puis le puits de la tombe avait été rempli. Les restes d'enterrements dérangés dans deux coins de l'entrée de la tombe laissent supposer que certaines personnes ont fait l'objet de sacrifices et qu'elles ont été enterrées lorsque la tombe a été scellée.

← Looking from ground level down into a shaft tomb excavation at Huaca Loro.
PHOTO: IZUMI SHIMADA

Vue en plongée, depuis la surface, d'un puits d'excavation de l'une des tombes à Huaca Loro
PHOTO : IZUMI SHIMADA

← The treasure chest shorly after it was unearthed. The chest is made of woven mats with *tumbaga* sheet liner placed at the northwest corner of the Huaca Loro East Tomb.

This chest was packed with some 60 major superimposed (at least 24 layers) of ornaments and ritual paraphernalia mostly of high karat gold. At the top were five cylindrical crowns believed to be personal ornaments.

PHOTO: IZUMI SHIMADA

Coffre au trésor peu après sa découverte. Confectionné de tapis tissés et d'une garniture en *tumbaga,* le coffre se trouvait dans le coin nord-ouest de la tombe Est, à Huaca Loro.

Il contenait un attirail formé d'une soixantaine d'ornements et d'objets rituels importants superposés (pas moins de 24 couches), pour la plupart en or riche en carats. Sur le dessus, il y avait cinq couronnes cylindriques qu'on croit être des ornements personnels.

PHOTO : IZUMI SHIMADA

↑ Gold crown, one of several crowns found in the Sicán Lord's tomb. Decoration of geometric step pattern.

PHOTO: Y.YOSHII/PAS

Couronne en or. L'une des nombreuses couronnes trouvées dans la tombe du seigneur de Sicán. Composition géométrique, motif en escalier.

PHOTO : Y.YOSHII/PAS

The West Tomb: A Comparative Perspective

To test the hypothesis that the East Tomb was part of a planned elite cemetery under and around the Huaca Loro mound, we conducted ground-penetrating radar surveys in 1994, 1995, and 1997. We detected the West Tomb in 1994 and excavated it in 1995-96. The West Tomb was symmetrically situated from the East Tomb across the north-south longitudinal axis of the Huaca (fig. 12, p. 90).

La tombe Ouest – Un point de comparaison

Afin de mettre à l'épreuve notre hypothèse selon laquelle la tombe Est faisait partie d'un cimetière d'élite planifié sous le monticule Huaca Loro et autour de celui-ci, nous avons réalisé des levés au moyen de radars pénétrant le sol en 1994, en 1995 et en 1997. Nous avons détecté la tombe Ouest en 1994 et avons procédé à son excavation en 1995 et en 1996. Elle était située symétriquement à la tombe Est, d'un côté à l'autre de l'axe longitudinal nord-sud de Huaca (figure 12).

La configuration physique de la tombe Ouest était imposante. Elle était dotée d'une construction complexe emboîtée, à deux étages, comme une tombe à l'intérieur d'une autre. Vingt-quatre personnes y reposaient (figures 30, 31). À 12 mètres sous la surface se trouvait une antichambre de 10 mètres sur 6, renfermant 10 niches murales et 12 petites fosses rectangulaires dans le faux-plancher (figure 20). Deux niches, près du coin nord-est, contenaient la dépouille d'une jeune adulte ainsi que divers objets, à l'instar d'autres fosses d'enterrement situées tout près. Une niche centrale recelait le cadavre d'un garçon de 12 ou 13 ans. Une grande partie du sol de l'antichambre, ce qui comprenait la plupart des 12 fosses, était recouverte de grandes étoffes de coton peintes et de *tumbaga* doré. Les squelettes de deux lamas adultes reposaient près du coin nord-est.

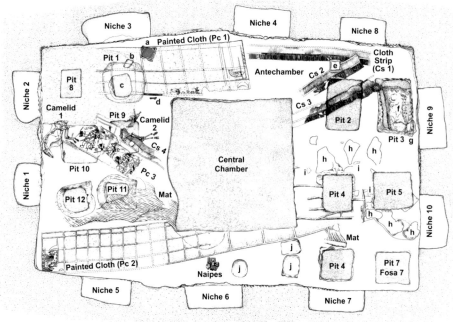

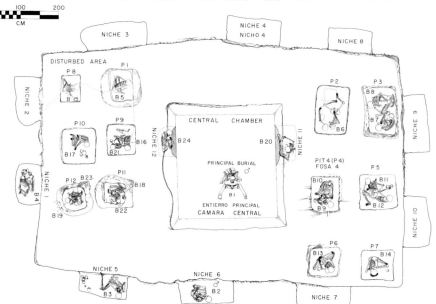

Le faux-plancher et les fosses rectangulaires étaient disposés en deux groupes de six, symétriquement opposés, aux côtés nord et sud de la chambre centrale. Chaque fosse contenait un ou deux squelettes – dans certains cas, ceux-ci étaient littéralement entassés – de jeunes femmes adultes (âgées entre 18 et 22 ans pour la plupart), neuf en tout pour chacun des deux groupes de fosses. Nous avons appelé ces groupes « Femmes du Nord » et « Femmes du Sud ». Chaque dépouille était accompagnée d'objets : récipients en céramique, tissus et cuivre arsenical... Parfois il leur manquait le bout d'un ou de plusieurs doigts. Les récipients en céramique placés près d'elles étaient cassés ou incomplets. Dans certains cas, les os étaient désarticulés dans une mesure

The West Tomb was physically imposing and had a complex, two-tier, nested construction, literally a tomb within a tomb; it contained 24 individuals (fig. 30, 31). Twelve meters below the surface lay a 10 by 6 m antechamber with 10 wall niches and 12 small rectangular sub-floor pits. Two niches near the northeast corner each contained a young adult female with accompanying goods, as did the nearby pit burials. One central niche contained a 12- or 13-year-old boy. Much of the antechamber floor, including most of the 12 burial pits, was covered with large painted cotton cloths and gilded *tumbaga* sheet metal. Near the northeast corner lay two adult llama skeletons.

The sub-floor and rectangular pits were laid out in two symmetrically opposing groups of six each on the north and south sides of the central chamber. Each pit contained one or two skeletons – in some cases, literally crammed in – of young adult women (mostly 18-22 years), making a total of nine for each of the two groups of pits. We refer to these two groups as the North and South Women. Each woman was accompanied by grave goods such as ceramic vessels, textiles, and arsenical copper.

Some of these women were found to be missing one or more finger tips and were accompanied by broken and incomplete ceramic vessels. In some cases, bones were disarticulated to a degree difficult to account for by shifting after interment. In addition, small empty pupal cases, presumably of muscoid flies, were found in direct association with two burials. All of this suggests that at least several bodies were buried in the West Tomb after either being preserved in a mummified form or exhumed from earlier graves.

A 3 by 3 m central chamber at the center of the antechamber descended 3 m to a total depth of 15 m and had a pair of symmetrically opposing niches on the north and south walls. The chamber had an elaborate roof composed of at least three layers of woven mats supported by wooden beams, and its east and west walls were covered with painted cotton cloth.

difficile à attribuer aux déplacements qui ont pu se produire après l'enterrement. De plus, plusieurs petites coques de nymphose vides, probablement de mouches muscoïdes, ont été trouvées en association directe avec deux enterrements. Tout cela laisse supposer qu'au moins plusieurs corps ont été enterrés dans la tombe Ouest après avoir été soit préservés sous une forme momifiée, soit exhumés d'autres tombes.

Une chambre centrale de trois mètres sur trois, plus basse de trois mètres, atteignait une profondeur totale de 15 mètres. Sur ses murs nord et sud se trouvait une paire de niches symétriquement opposées. Cette chambre était dotée d'un toit élaboré, composé d'au moins trois couches de tapis tissés soutenus par des poutres de bois. Les murs est et ouest étaient également recouverts d'étoffes en coton peintes.

L'espace de cette chambre privée était en majeure partie réservé au personnage principal et aux objets qui l'accompagnaient. Le personnage (premier enterrement), un homme robuste, dans la trentaine, était placé au centre du sol, sur lequel se trouvaient les tapis, en position assise, les jambes croisées (figure 32). Il était dans ses plus beaux atours : grand masque en *tumbaga* (figure 33), coiffe élaborée et pectoral fabriqué d'un alliage en argent garni de pierres semi-précieuses incrustées. Sa tête, bien recouverte de cinabre, faisait face à l'ouest, contrairement à ce à quoi nous nous attendions, car nous croyions qu'elle aurait été orientée vers l'est, en direction du personnage principal de la tombe Est.

Une panoplie d'objets funéraires entourait la dépouille, entre autres, les restes de neuf rouleaux de bandelettes, deux bâtons en bois, quatre récipients en céramique décorés et complètement recouverts de feuilles *tumbaga*, ainsi que la tête et les pieds articulés d'environ 25 camélidés. Une autre composante importante des biens funéraires consistait en une collection d'au moins 111 récipients miniatures bruts, en argile et faits à la main, qui auraient pu être fabriqués dans la chambre centrale peu avant qu'elle soit scellée – des restes du mélange d'argile y ont été trouvés sur le sol.

←←↑ **Figure 30**

Distribution of floor features and artifacts on the antechamber of the West Tomb. Note differences between the north and south halves.
DRAWING: IZUMI SHIMADA & C.SAMILLÁN

Répartition des caractéristiques du plancher et des artefacts de l'antichambre de la tombe Ouest. À noter : les différences entre les moitiés nord et sud.
DESSIN : IZUMI SHIMADA ET C.SAMILLÁN

←←↓ **Figure 31**

Distribution of human burials (no accompanying artifacts shown) in the antechamber and central chamber of the West Tomb.
DRAWING: IZUMI SHIMADA & C.SAMILLÁN

Répartition des sépultures humaines (sans artefacts ici) dans l'antichambre et la chambre centrale de la tombe Ouest
DESSIN : IZUMI SHIMADA ET C.SAMILLÁN

This private chamber was reserved primarily for the principal personage and his grave goods. The personage (Burial 1), a robust man between 30 and 40 years of age, was placed at the center of the mat-lined floor in a cross-legged, seated position (fig. 32). He wore full regalia that included a large *tumbaga* mask (fig. 33), an elaborate head ornament, and a pectoral of a silver alloy plate with semi-precious stone inlays. His head was thoroughly covered with cinnabar paint and faced west, contrary to our expectation that he would look east to face the East Tomb principal personage.

A diverse range of grave goods surrounded him, including the remains of nine rolls of strip cloth, two wooden staffs, four decorated ceramic vessels completely covered with *tumbaga* sheets, and the heads and articulated feet of at least 25 camelids. Another major component of the grave goods was at least 111 handmade, crude, miniature clay vessels that were apparently

Dans chacune des deux niches symétriquement opposées donnant sur le personnage principal reposait la dépouille d'une femme adulte (figure 31). Dans la niche sud, la femme, en position assise, les jambes croisées, avait le visage peint de cinabre et portait un pectoral fait de coquillages et de nombreux récipients en céramique. Par contre, aucun objet funéraire n'était disposé aux côtés de celle du côté nord, repliée sur elle-même. Elle gisait derrière d'innombrables perles de coquillages et un panier renfermant environ une vingtaine d'ornements en *tumbaga* et des objets cérémoniels.

Selon nos analyses de la dentition et de l'ADN mitochondrial (extrait des dents) des sépultures de la tombe Ouest, le personnage principal et la femme de la niche sud de la chambre centrale qui, d'après nous, faisait partie de l'élite, étaient beaucoup plus près, sur le plan biologique, des Femmes du Sud de l'antichambre que des Femmes du Nord. De plus, ces analyses ont permis

→ **Figure 33**

The principal personage of the West Tomb with his *tumbaga* mask.
PHOTO: IZUMI SHIMADA

Le personnage principal de la tombe Ouest avec son masque en *tumbaga*
PHOTO : IZUMI SHIMADA

→ → **Figure 32**

Contents and organization of the central chamber.
DRAWING: IZUMI SHIMADA & C.SAMILLÁN

Contenu et organisation de la chambre centrale
DESSIN : IZUMI SHIMADA ET C.SAMILLÁN

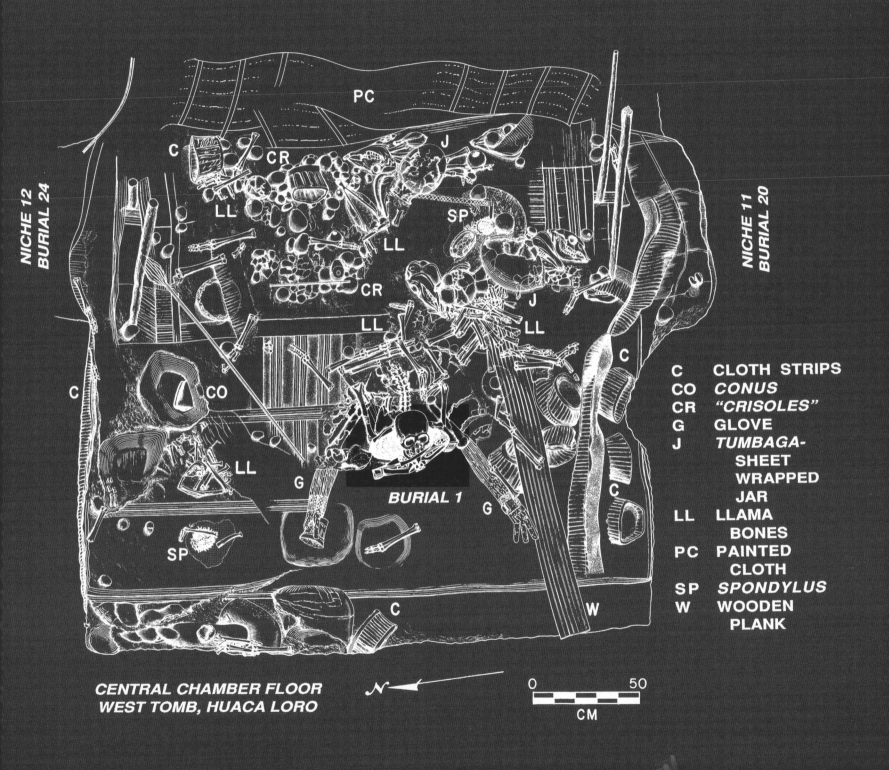

NICHE 12
BURIAL 24

NICHE 11
BURIAL 20

PC

C
CR
J

LL

SP

LL

CR

C

J

LL

LL

CO

LL

SP

BURIAL 1

G

G

C

C

W

C   CLOTH STRIPS
CO   *CONUS*
CR   *"CRISOLES"*
G   GLOVE
J   *TUMBAGA-*
     SHEET
     WRAPPED
     JAR
LL   LLAMA
     BONES
PC   PAINTED
     CLOTH
SP   *SPONDYLUS*
W   WOODEN
     PLANK

CENTRAL CHAMBER FLOOR
WEST TOMB, HUACA LORO

N

0   50

CM

made inside the central chamber shortly before it was sealed: we found remains of the clay mixture on the chamber floor.

In each of the two symmetrically opposing niches flanking the principal personage was an adult woman (fig. 31, page 104). The cross-legged and seated woman in the south niche had cinnabar paint on her face, wore a shell bead pectoral, and was accompanied by numerous ceramic vessels. In contrast, the tightly flexed north side woman was without grave goods and was buried beneath a large cluster of shell beads and a basket containing some two dozen *tumbaga* ornaments and ritual paraphernalia.

Our analyses of inherited dental traits and mitochondrial DNA (extracted from teeth) of burials in the West Tomb revealed that the principal personage and the presumed elite woman in the south niche of the central chamber were biologically much closer to the antechamber's South Women than to the North Women. These analyses further indicated that the North Women, as a group, were much more genetically heterogeneous, while the South Women were quite homogeneous. The latter group likely practiced endogamy – the custom of marrying within one's own group (i.e., the Sicán), whereas the former likely included members of different groups.

Given that the North Women were accompanied by ceramics and textiles of non-Sicán styles, they probably represented ethnic groups that were incorporated into Sicán society. In this sense, the West Tomb may be seen to symbolize not only the tremendous gulf that existed among people of different social status, but also the integration of various ethnic groups under the Sicán leadership (i.e., the principal personage buried in the West Tomb).

Our dental analysis also suggests that the principal personages of the East and West Tombs were likely related to each other, something in the order of an uncle and a nephew.

de révéler que les Femmes du Nord, collectivement, étaient beaucoup plus hétérogènes du point de vue génétique, alors que les Femmes du Sud étaient assez homogènes. Il est vraisemblable de penser que ce dernier groupe pratiquait l'endogamie, c'est-à-dire que ses membres devaient épouser quelqu'un de leur propre groupe (le Sicán), tandis que les membres du premier groupe épousaient probablement des personnes de groupes différents. Puisque les Femmes du Nord avaient été inhumées avec des céramiques et des tissus n'appartenant pas au style sicán, elles représentaient probablement des groupes ethniques qui avaient été intégrés à la société du Sicán. C'est ainsi que la tombe Ouest pourrait symboliser non seulement le gouffre immense qui séparait les personnes de statut social différent, mais également l'intégration de divers groupes ethniques sous le leadership du Sicán, c'est-à-dire le personnage principal inhumé dans la tombe Ouest.

Notre analyse dentaire laisse également supposer que les personnages principaux des tombes Est et Ouest étaient vraisemblablement apparentés, peut-être dans le sens d'un lien du genre oncle et neveu.

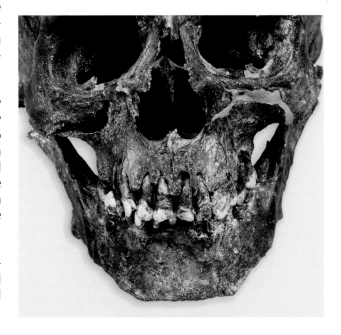

Detail of skull found at Huaca Loro tomb excavation.
PHOTO: Y.YOSHII/PAS

Détail d'un crane découvert dans une tombe lors d'une fouille à Huaca Loro
PHOTO : Y.YOSHII/PAS

Insights into the Sicán World:
A Treasure Trove of Information

Certainly, the artistic and technical qualities of gold objects found in the East Tomb, not to mention their overall quantity, are quite remarkable. At the same time, from the point of view of insights into the Sicán elite and their culture, items that received less public attention have been most informative.

The power of the Sicán elites may be gauged by the control they exercised over material resources and manpower. Most of the grave goods were produced with imported raw materials using labour-intensive, primitive technologies. The manufacture of tens of thousands of quartz, amethyst, sodalite, turquoise, florite, agate, amber, *Spondylus*, and other beads alone (over 75 kg altogether) would have amounted to a tremendous labour and material investment.

What do the nearly 200 kg of cast arsenical bronze implements found in the East Tomb mean in terms of manpower and material resources consumed? Even if we assume that Sicán metalworkers were much more adept than we suspect at the task of blowing air into the furnace (bellows did not exist in the pre-Hispanic Americas), our smelting experiments have shown that to gain a mere 300 g of copper would have required four or five people working at least two to three hours using about two kg of rich copper ore, four to six kg of flux (a substance [in this case hematite] added to a furnace during smelting that combines with undesireable impurities to form slag), and about 10 kg of hardwood charcoal fuel. Although these are estimates, we can now better appreciate the power commanded by the Middle Sicán nobleman who was buried with hundreds of kilograms of arsenical bronze objects.

Probably the largest amount of manpower is represented by some 500 kg of scrap metal left over from the production of precious metal objects. The scrap found in this tomb was essentially the small paper-thin pieces (0.05 to 0.1 mm thick) that resulted from cutting,

Aperçu du monde du Sicán
– Une source inouïe d'informations

Indubitablement, les qualités artistiques et techniques des objets en or trouvés près de la tombe Est, sans mentionner leur grand nombre, sont des plus remarquables. Par la même occasion, pour ce qui est d'obtenir un aperçu de l'élite du Sicán et de sa culture, il est à noter que les articles qui ont le moins retenu l'attention du public ont été les plus révélateurs.

Le pouvoir des élites du Sicán peut être mesuré par le contrôle exercé sur les ressources matérielles et la main-d'œuvre. La plupart des objets funéraires étaient fabriqués à partir de matériaux bruts, importés au moyen de techniques primitives nécessitant une main-d'œuvre abondante. La fabrication de dizaines de milliers de perles de quartz, d'améthyste, de sodalite, de turquoise, de florite, d'agate, d'ambre, de *spondylus* et d'autres perles (plus de 75 kilos en tout) aurait représenté une somme immense de travail et d'investissement matériel.

Que représentent, en matière de la main-d'œuvre et de ressources matérielles consommées, les quelque 200 kilos d'outils en bronze arsenical coulé, dégotés dans la tombe Est? Même si nous présumons que les métallurgistes du Sicán étaient beaucoup plus habiles que nous le pensions à souffler de l'air dans la chambre de combustion (les soufflets n'existaient pas dans les Amériques préhispaniques), d'après des expériences de fusion que nous avons effectuées, il aurait fallu au moins de deux à trois heures de travail, à quatre ou cinq personnes, pour obtenir une mince quantité de 300 grammes de cuivre. De plus, environ deux kilos de minerai de cuivre riche, de quatre à six kilos de fondant (une substance [l'hématite dans ce cas-ci] ajoutée à la chambre de combustion pendant la fusion dans le but de combiner les impuretés indésirables pour former des scories) et environ dix kilos de combustible de charbon de bois dur leur auraient été nécessaires pour réussir l'opération. Même s'il ne s'agit là que d'estimations, nous sommes maintenant en mesure de mieux comprendre le pouvoir exercé par le noble du Sicán moyen

filing, and other steps of working with precious metal sheets. Also included were rejects from mishaps in manufacturing. For any successfully completed object, a considerable quantity of scrap was generated. Thus, in these heaps we found gold foil squares with poorly placed holes for sewing, partially used ingots, and even what appeared to be bent and broken tools. The scrap as a whole may contain as much as 65 kg of gold and 150 kg of silver. What is important, however, is not the total weight of precious metals, but rather what the scrap tells us about the technology and organization of metalworking and the tremendous manpower it represents. The magnitude of the labour investment may be glimpsed from a recent experiment by a renowned goldsmith and specialist of pre-Hispanic goldsmithing, Jo Ann Griffin. Working with ancient stone hammers, she found that it took about a day and half to produce a uniformly thin (approaching 0.1 mm) 10 by 15 cm gold sheet from a 30 g nugget through repetition of forging and annealing. At this rate, the precious metal scrap in this tomb alone would translate into tens of thousands of man-hours.

Overall, I believe the scale of Sicán precious metal production has long been underestimated. The quantity and quality of the gold and *tumbaga* objects being considered here strongly argue for an appreciable number of highly skilled, full-time specialists. They were probably assisted by an even larger number (perhaps dozens) of apprentices who would have carried out much of the repetitious, time-consuming tasks of remelting scraps, hammering, annealing, and polishing. This master-apprentice setup is clearly seen in the manufacturing stages of some of the excavated objects. That the personage buried in the Huaca Loro East Tomb had access to the services of various goldsmiths (or workshops) of different levels of skill is indicated by the technical and stylistic variation observed among gold objects such as earspools, rattles, crowns and other head ornaments that were found in multiples. Overall, we see production organization by task-specific workshops, which in turn were based on a nested hierarchy of masters, apprentices, and perhaps even lower-level support personnel.

enterré avec des objets en bronze arsenical pesant des centaines de kilos.

Il est probable que la majeure partie de la main-d'œuvre émane de la présence d'environ 500 kilos de retailles de métal provenant de la fabrication d'objets en métaux précieux. Les retailles trouvées dans cette tombe ont pris essentiellement la forme de petits morceaux minces comme une feuille (d'environ 0,05 à 0,1 millimètre d'épaisseur), découlant du découpage, du limage et d'autres étapes de préparation des feuilles de métaux précieux. Les retailles comprenaient également les rebuts provenant des défauts de fabrication. Chaque projet réussi impliquait la production d'une quantité considérable de retailles. Par conséquent, dans ces amas de retailles, nous avons trouvé des carrés de feuilles d'or parsemés de trous de couture mal placés, des lingots partiellement utilisés et même ce qui nous a semblé être des outils gauchis et cassés. Dans l'ensemble, l'amas de ferraille peut contenir quelque 65 kilos d'or et 150 d'argent. Cela dit, ce qui importe n'est pas le poids total des métaux précieux, mais plutôt ce que les retailles nous permettent de comprendre au sujet des techniques et de l'organisation du travail des métaux, et de la main-d'œuvre incroyable que tout cela impliquait. La magnitude de l'investissement en main-d'œuvre peut être saisie grâce à une expérience récente réalisée par une orfèvre renommée et spécialiste de l'orfèvrerie préhispanique, Jo Ann Griffin. À l'aide d'antiques marteaux de pierre, elle a constaté qu'il lui fallait environ une journée pour confectionner une feuille uniformément mince (d'environ 0,1 millimètre) aux dimensions de 10 sur 15 centimètres, à partir d'une pépite de 30 grammes, en passant par les étapes répétitives du forgeage et de la recuisson. À ce rythme, les retailles de métaux précieux dénichées dans cette tombe seulement se traduiraient par des dizaines de milliers d'heures-hommes.

Dans l'ensemble, je crois que l'ampleur de la production de métaux précieux par le Sicán a été longtemps sous-estimée. La quantité et la qualité d'objets en or et en *tumbaga* à l'étude ici permettent d'étayer fortement la

Burial Positions in the East Tomb: The Religion and Cosmology of the Sicán Elite

The internal organization of the East Tomb was carefully choreographed with specific symbolic messages in mind. I suggest that the principal personage and the two nearby women together represented a symbolic rebirth of the principal personage; that the inverted body covered with the cinnabar paint symbolized the newborn and that the woman in a prone position with her legs tightly flexed and widely spread represented the act of giving birth, while the woman on the opposing side acted as midwife. Intensely bright red cinnabar paint on the body of the principal personage likely symbolizes life force or the life-giving, well-oxygenated blood that often covers the newborn.

Along the same line of reasoning, I suggest that the principal personage faced west because it is the direction of the Pacific. The sea and offshore islands represented the source of all life-giving water of the world and the timeless world of the anima of the dead, respectively, in late pre-Hispanic Andean cosmovisions and in folklore recorded during the Spanish colonial era. Various pre-Hispanic dynastic legends of the Andes speak of their venerated founders arriving from across the sea, or kings journeying across the sea upon their death (see page 65). Thus, I suggest that his body placement and orientation expressed a belief that a deceased leader would be reborn and would return from the journey into the mythological world as an ancestor to be venerated.

This is one of various plausible interpretations. Another might be that the inverted position of the principal personage symbolized his transformation into a bat embarking on his flight to the world of the dead. This interpretation, however, does not account for the significance of the two women. Anyone attempting to understand symbolic meanings encoded in burials must keep in mind the complex relationships among contents and organization; specific aspects should not be analyzed individually, detached from associated features.

nécessité d'un nombre considérable de spécialistes à plein temps et possédant de grandes compétences. Ces spécialistes étaient probablement soutenus par un nombre encore plus grand (peut-être des dizaines) d'apprentis qui auraient effectué une grande partie des tâches répétitives et fastidieuses consistant à refusionner les retailles, à marteler les métaux précieux, à les recuire et à les polir. Cette organisation maître-apprenti est bien perceptible aux étapes de la fabrication de certains des objets dégagés. Le fait que le personnage inhumé dans la tombe Est de Huaca Loro avait accès aux services de divers orfèvres (ou ateliers) possédant des compétences diverses se voit dans les variantes techniques et stylistiques observées parmi les objets en or, comme les tampons d'oreilles, les hochets, les couronnes et les autres coiffes trouvées en grand nombre. Dans l'ensemble, nous voyons une organisation de production réalisée par des ateliers spécialisés qui, à leur tour, étaient basés sur une hiérarchie bien établie de maîtres, d'apprentis et même de personnel de soutien d'un échelon plus bas.

Les positions d'inhumation dans la tombe Est – La religion et la cosmologie de l'élite du Sicán

L'organisation interne de la tombe Est obéissait à une chorégraphie soignée qui répondait à des messages symboliques particuliers. Je croirais que le personnage principal et les deux femmes reposant tout près représentaient la renaissance symbolique du personnage principal; que le corps, placé tête vers le bas et recouvert de cinabre, symbolisait le nouveau-né et que la femme en position couchée, les jambes fléchies et bien ouvertes, représentait la femme en train de donner naissance pendant que la femme du côté opposé servait d'accoucheuse. La peinture de cinabre, d'un rouge vif, sur le corps du personnage principal symbolise vraisemblablement la force vitale ou le sang bien oxygéné, élément de vie, qui recouvre souvent le nouveau-né.

Dans la même optique, je dirais que le personnage principal faisait face à l'ouest parce qu'il s'agit là de la direction du Pacifique. La mer et les îles du large représentaient la source de toute l'eau du monde donnant

This caveat also implies that we need to consider broader physical, social, and historical contexts of a given burial to achieve the understanding we seek. Ground-penetrating radar prospection and associated test excavations that we conducted at and around Huaca Loro suggested that, as shown in figure 12, construction of the excavated and inferred shaft tombs preceded construction of the Huaca Loro mound and that the East and West Tombs were integral parts of the planned cemetery of a Middle Sicán elite lineage that was organized around the inferred central tomb of the real or fictitious founding ancestor. While the four shaft tombs are all placed under the Huaca Loro mound, there are at least three additional inferred shaft tombs on both sides of the Huaca Loro North Platform.

I suggest that the cemetery was bipartitioned along the north–south longitudinal axis of Huaca Loro (corresponding to the center line of the North Platform), reflecting the inferred dual organization of the Middle Sicán social elites: that they were divided into two complementary but asymmetrical groups called "moieties." The nobility of the later Inca and Chimú empires was each so organized, with the "upper moiety" having a political upper hand, while the "lower moiety" presided over religious matters. The distance between the inferred central tomb and any other particular tomb may reflect difference in kinship affinity, generation, and status.

Conclusion

The various interpretations presented above await confirmation through excavations of additional shaft tombs that have already been detected. These tasks will require many months of meticulous field and laboratory work and interdisciplinary collaboration. It is, however, an exciting prospect.

What can be tentatively concluded is that the pyramid served as both a monumental tombstone for the deceased founding ancestor and the members of the ruling lineage interred under and around it, and as the altar for their continuing worship. At the top of

la vie et le monde intemporel de l'anima du mort, respectivement, des anciennes cosmovisions andines préhispaniques et du folklore recueilli pendant l'ère coloniale espagnole. Dans diverses légendes liées à des dynasties préhispaniques des Andes, leurs vénérés fondateurs auraient traversé la mer pour parvenir jusque là ou encore, des rois avaient traversé la mer à leur mort (voir page 65). Par conséquent, je serais porté à croire que le positionnement et l'orientation de ce corps exprimaient une croyance selon laquelle le chef défunt renaîtrait et rentrerait de voyage pour intégrer un monde mythologique en tant qu'ancêtre et devrait devenir alors un objet de vénération.

Ce n'est que l'une des nombreuses interprétations plausibles. Une autre pourrait être que la position tête vers le bas du personnage principal symbolisait sa transformation en chauve-souris amorçant son envol vers le monde des morts. Toutefois, cette interprétation ne tient pas compte de la signification des deux femmes. Quiconque s'efforce de comprendre les sens symboliques codés des inhumations doit tenir compte des relations complexes qui existent entre les éléments du contenu et l'organisation. Ainsi, des aspects spécifiques ne devraient pas être analysés individuellement, sans tenir compte des caractéristiques connexes.

Cela implique également que nous devons considérer les contextes d'ordre physique, social et historique plus vastes d'une inhumation donnée pour en arriver à saisir les constatations de notre recherche. La prospection du sol par radar et les fouilles exploratoires que nous avons réalisées à Huaca Loro et dans les environs laissent supposer, tel qu'indiqué à la figure 12, que la construction des puits de tombe dégagés et probables du monticule de Huaca Loro et des tombes Est et Ouest faisaient partie intégrante du cimetière planifié d'une descendance élite du Sicán moyen qui avait été organisé autour de la tombe centrale probable de l'ancêtre fondateur réel ou fictif. Bien que les quatre puits de tombe illustrés à la figure 10 soient tous placés sous le monticule de Huaca Loro, il devrait y en avoir au moins trois autres des deux côtés de la plateforme nord de Huaca Loro.

the Huaca Loro mound, accessible only via a long, steep, zigzag ramp (fig. 12, page 90), stood an exclusive temple enclosed by walls decorated with polychrome religious murals featuring the Sicán Deity (fig. 3, page 63). Rituals performed at this temple would have served not only to reaffirm and reinforce the identity and unity of the ruling elite lineage, but also as symbolic linkages among the Sicán Deity, the dead, and the living.

The inferred existence of a master plan that guided the preparation of shaft tombs and associated pyramidal construction argues for an ancestor worship cult, considerable social cohesion, political and economic power in the hands of the elite, and the enduring status of the elite. In essence, the Huaca Loro pyramid was an awe-inspiring piece of political propaganda, a monumental tombstone, a temple for worship, and a key part of the unique sacred landscape that we call the religious city of Sicán. The presence of two other pyramidal constructions at Sicán with similar or identical architectural forms but slightly later dates (Huaca Sontillo and Huaca Rodillona; fig. 10, page 85) suggests that different elite lineages at different times within the Middle Sicán built their own cemeteries, each capped by a monumental mound.

[1] This culture is also known as Lambayeque.

[2] Arsenical bronze is a copper and tin alloy that contains arsenic as a third constituent in small proportion. Arsenic was used for its hardening properties.

[3] Granulation is the process by which many tiny spherical beads are applied to a metal surface to create decorative patterns.

Je croirais que le cimetière était partagé en deux, le long de l'axe longitudinal nord-sud de Huaca Loro (ce qui correspondait à la ligne centrale de la plateforme nord), à l'image de l'organisation double présumée des élites sociales du Sicán moyen : elles étaient divisées en deux groupes complémentaires, mais asymétriques, appelés « moitiés ». La noblesse des empires incas et chimús, plus récents, était organisée ainsi, la « moitié supérieure » dirigeant les affaires politiques et la « moitié inférieure » s'occupant des affaires religieuses. La distance entre la tombe centrale présumée et toute autre tombe particulière pourrait bien refléter les différences en matière d'affinités, de générations et de statuts de la parenté.

Conclusion

Les diverses interprétations présentées ci-dessus pourront être confirmées grâce aux fouilles d'autres puits de tombes qui ont déjà été repérés. Ces fouilles exigeront de nombreux mois de travaux méticuleux sur le terrain et en laboratoire ainsi qu'une certaine collaboration interdisciplinaire. Il s'agit toutefois de perspectives emballantes.

De manière provisoire, nous pouvons conclure que la pyramide servait à la fois de pierre tombale monumentale à l'ancêtre fondateur décédé et aux membres de sa descendance inhumés sous cette pierre et aux alentours, ainsi que d'autel cultuel. Tout en haut du monticule de Huaca Loro, accessible seulement par une longue rampe à pic et en zigzag (figure 12, page 90), se dressait un temple exclusif, entouré de remparts arborant des murales religieuses polychromes mettant en évidence la divinité du Sicán (figure 3, page 63). Les rites exécutés à ce temple servaient non seulement à réaffirmer et à renforcer l'identité et l'unité de la lignée de l'élite au pouvoir, mais également à établir des liens symboliques entre la divinité du Sicán, les morts et les vivants.

L'existence présumée d'un plan directeur destiné à guider la préparation des puits de tombes et des constructions pyramidales connexes soutient la théorie

d'un culte ancestral, d'une cohésion sociale considérable, d'un pouvoir politique et économique détenu par l'élite et du statut persistant de cette dernière. Essentiellement, la pyramide de Huaca Loro était une œuvre impressionnante de propagande politique, une pierre tombale monumentale, un temple et la composante importante d'un paysage sacré et unique que nous appelons la ville religieuse de Sicán. La présence de deux autres constructions pyramidales dans cette cité, dotées de formes architecturales similaires ou identiques, bien qu'un peu plus récentes (Huaca Sontillo et Huaca Rodillona; figure 10, page 85) laisse supposer que des lignées d'élites diverses auraient régné à des époques différentes du Sicán moyen et qu'elles auraient édifié leurs propres cimetières, chacun surmonté d'un monticule monumental.

[1] Cette culture est également connue sous l'appellation de Lambayeque.

[2] Le bronze arsenical est un alliage de cuivre et d'étain qui contient également, en petite quantité, de l'arsenic, utilisé pour ses propriétés de durcissement.

[3] La granulation consiste à appliquer de nombreux petits grains à une surface métallique afin de créer des motifs décoratifs.

← Izumi Shimada during excavation with Sicán Lord's mask in box beside him.
PHOTO: IZUMI SHIMADA

Izumi Shimada, pendant les fouilles; à ses côtés, le masque du seigneur du Sicán, dans une boîte
PHOTO : IZUMI SHIMADA

Timeline

Sicán Culture • World History

Key excavation sites	Timeline	AD	Dates	Key events
		200	300	Classic Mayan Period begins
				End of Moche culture in Peru
	Early Sicán 800-900			Chinese invent gunpowder
Sicán		800	800	Charlemagne crowned Emperor of the West
		851		Danish Vikings sack London
		877		Alfred anointed first King of England
Sicán, Chotuna Chornancap, Vista Florida, Cerro Huaringa, Sialupe	Middle Sicán 900-1100	900	618-907	Tang Dynasty in China
			950-1200	Toltec Civilization in Central America
			960-1279	Sung Dynasty in China
			1000	Leif Ericson, Viking explorer, lands in North America
		1000	1020	Mayan Civilization collapses
			1000-1600	Thule Culture, Canadian Arctic
			1000-1730	Writing-on-Stone, Alberta
			1099	First Crusade
Túcume (El Purgatorio), Patapo, Santa Rosa, Mocce, Cerro Huaringa	Late Sicán 1100-1375	1100	1100-1500	Inca Civilization in South America
			1100-1500	Aztec Civilization in Central America
			1165-1227	Genghis Khan, Emperor of Mongolia
		1200	1215	King John I of England signs the Magna Carta
			1259	Chinese in the Sung Dynasty use bullets for the first time
			1275-1929	Marco Polo travels in China
Túcume, Patapo, Saltur	Sicán-Chimú 1375-1460	1300	1347-1351	Black Death kills one third of the European population
			1368-1643	Ming Dynasty in China
			1390	Iroquois Confederacy
		1400	1421	Joan of Arc burned at the stake
Túcume, Saltur, Patapo, Jotoro, La Viña	Sicán-Inca 1460-1533		circa 1450	Printing press invented in Europe
			1492	Christopher Columbus arrives in New World
			1497	John Cabot claims Atlantic coast (North America)
		1500	1535	Name Canada first used
			1519	Hernan Cortez conquers Mexico
			1531-1533	Spanish Conquest of Peru begins
	Spanish Conquest 1531-1533		1532	Battle of Cajamarca, Peru captured by Pizarro
		AD		

Chronologie

Culture Sicán • Histoire mondiale

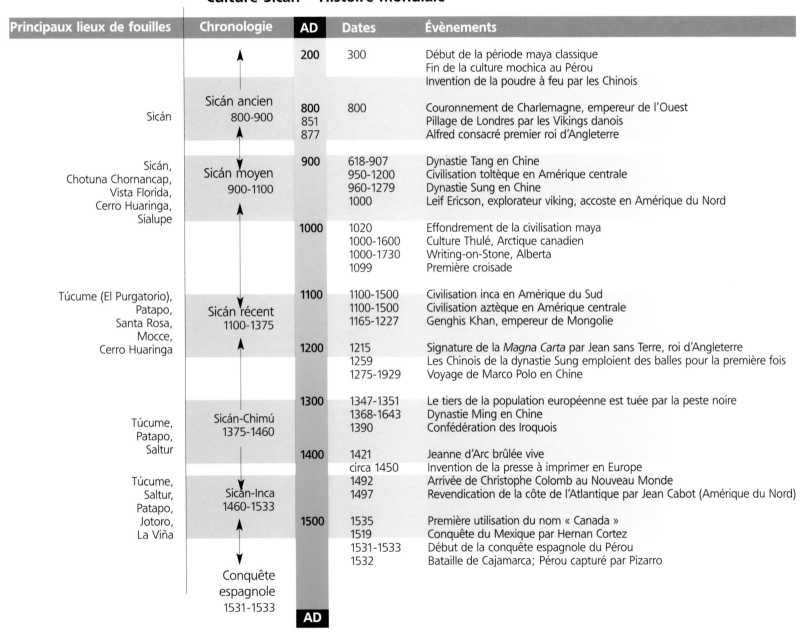

Principaux lieux de fouilles	Chronologie	AD	Dates	Évènements
		200	300	Début de la période maya classique
				Fin de la culture mochica au Pérou
				Invention de la poudre à feu par les Chinois
Sicán	Sicán ancien 800-900	800	800	Couronnement de Charlemagne, empereur de l'Ouest
		851		Pillage de Londres par les Vikings danois
		877		Alfred consacré premier roi d'Angleterre
Sicán, Chotuna Chornancap, Vista Florida, Cerro Huaringa, Sialupe	Sicán moyen 900-1100	900	618-907	Dynastie Tang en Chine
			950-1200	Civilisation toltèque en Amérique centrale
			960-1279	Dynastie Sung en Chine
			1000	Leif Ericson, explorateur viking, accoste en Amérique du Nord
		1000	1020	Effondrement de la civilisation maya
			1000-1600	Culture Thulé, Arctique canadien
			1000-1730	Writing-on-Stone, Alberta
			1099	Première croisade
Túcume (El Purgatorio), Patapo, Santa Rosa, Mocce, Cerro Huaringa	Sicán récent 1100-1375	1100	1100-1500	Civilisation inca en Amérique du Sud
			1100-1500	Civilisation aztèque en Amérique centrale
			1165-1227	Genghis Khan, empereur de Mongolie
		1200	1215	Signature de la *Magna Carta* par Jean sans Terre, roi d'Angleterre
			1259	Les Chinois de la dynastie Sung emploient des balles pour la première fois
			1275-1929	Voyage de Marco Polo en Chine
Túcume, Patapo, Saltur	Sicán-Chimú 1375-1460	1300	1347-1351	Le tiers de la population européenne est tuée par la peste noire
			1368-1643	Dynastie Ming en Chine
			1390	Confédération des Iroquois
		1400	1421	Jeanne d'Arc brûlée vive
			circa 1450	Invention de la presse à imprimer en Europe
Túcume, Saltur, Patapo, Jotoro, La Viña	Sicán-Inca 1460-1533		1492	Arrivée de Christophe Colomb au Nouveau Monde
			1497	Revendication de la côte de l'Atlantique par Jean Cabot (Amérique du Nord)
		1500	1535	Première utilisation du nom « Canada »
			1519	Conquête du Mexique par Hernan Cortez
			1531-1533	Début de la conquête espagnole du Pérou
			1532	Bataille de Cajamarca; Pérou capturé par Pizarro
	Conquête espagnole 1531-1533	AD		

Further Readings
on the Sicán Culture, Elite Tombs, Metallurgy, and Other Features.

Lectures supplémentaires
sur la culture, les tombes de l'élite, la métallurgie et d'autres sujets relatifs au Sicán.

Cavallaro, Raffael, and Izumi Shimada. 1988. "Some Thoughts on Sicán Marked Adobes and Labor Organization." *American Antiquity* 53: 75-101.

Elera, Carlos G. 1997. Cupisnique y Salinar: Algunas Reflexiones Preliminares. In *Archaeologica Peruana 2,* edited by Elisabeth Bonnier and Henning Bischof, pp. 177-201. Reiss-Museum, Mannheim.

Elera, Carlos G. and José Pinilla Blenke. 1992. "Rites funéraires à Puémape pendant la période Formative." *Le Pérou de l'origine aux Incas.* Les Dossiers d'Archéologie. Paris.

Moseley, Michael E. 2000. *The Incas and Their Ancestors.* Thames and Hudson, London.

Oyuela, A. and J.S. Raymond. 1998. *Recent advances in the archaeology of the northern: In Memory of Gerardo Reichel-Dolmatoff.* Institute of Archaeology, University of California.

Raymond, J. Scott. 1981. "The Maritime Foundations of Andean Civilization: A Reconsideration of the Evidence." *American Antiquity* 46 (4) pp. 806-821.

Shimada, Izumi, and Jo Ann Griffin. 2005. "Precious Metal Objects of the Middle Sicán." In *Mysteries of the Ancient Ones.* Special edition of *Scientific American* 15(1): 80-89. (Expanded version of the 1994 article in *Scientific American* 270(4): 60-67.)

Shimada, Izumi, Adon Gordus, and Jo Ann Griffin. 2000. "Technology, Iconography, and Significance of Metals: A Multi-Dimensional Analysis of Middle Sicán Objects." In *Pre-Columbian Gold: Technology, Iconography, and Style,* edited by Colin McEwan, 28-61. London: British Museum Press.

Shimada, I., and John F. Merkel. 1991. "Copper Alloy Metallurgy in Ancient Peru." *Scientific American* 265(1): 80-86.

Shimada, Izumi. 2000. "Late Prehispanic Coastal States." In *The Inca World: The Development of Pre-Columbian Peru, A.D. 1000-1534,* edited by Laura Laurencich Minelli, 49-110. Norman: University of Oklahoma Press.

Shimada, Izumi, Ken-ichi Shinoda, Julie Farnum, Robert S. Corruccini, and Hirokatsu Watanabe. 2004. "An Integrated Analysis of Pre-Hispanic Mortuary Practices: A Middle Sicán Case Study." *Current Anthropology* 45(3): 369-402.

Shimada, Izumi, and Ursel Wagner. 2001. "Peruvian Black Pottery Production and Metal Working: A Middle Sicán Craft Workshop at Huaca Sialupe." *Materials Research Society Bulletin* 26 (1): 25-30. Special issue, "Preserving Art through the Ages," edited by Pamela Vandiver. Warrendale, PA: Materials Research Society.

Cavallaro, Raffael et Izumi Shimada. Some Thoughts on Sicán Marked Adobes and Labor Organization. *American Antiquity*, 53, 1988, p. 75-101

Elera, Carlos G. Cupisnique y Salinar: Algunas Reflexiones Preliminares. *Archaeologica Peruana 2,* révisé par Elisabeth Bonnier et Henning Bischof, Reiss-Museum, Mannheim, 1997, p. 177-201

Elera, Carlos G. et José Pinilla Blenke. Rites funéraires à Puémape pendant la période formative. *Le Pérou de l'origine aux Incas.* Les Dossiers d'Archéologie, Paris, 1992

Moseley, Michael E. *The Incas and Their Ancestors.* Thames and Hudson, Londres, 2000

Oyuela, A. et J.S. Raymond. *Recent advances in the archaeology of the northern Andes: In Memory of Gerardo Reichel-Dolmatoff.* Institute of Archaeology, University of California, 1998

Raymond, J. Scott. The Maritime Foundations of Andean Civilization: A Reconsideration of the Evidence. *American Antiquity* 46 (4), 1981, p. 806-821

Shimada, Izumi et Jo Ann Griffin. Precious Metal Objects of the Middle Sicán, « Mysteries of the Ancient Ones ». Édition spéciale de *Scientific American* 15(1), 2005, p. 80-89. (version augmentée de l'article publié dans *Scientific American* en 1994, 270(4), p. 60-67)

Shimada, Izumi, Adon Gordus et Jo Ann Griffin. Technology, Iconography, and Significance of Metals: A Multi-Dimensional Analysis of Middle Sicán Objects. *Pre-Columbian Gold: Technology, Iconography, and Style,* révisé par Colin McEwan, Londres, British Museum Press, 2000, p. 28-61

Shimada, I. et John F. Merkel. 1991. Copper Alloy Metallurgy in Ancient Peru. *Scientific American* 265(1), 1991, p. 80-86

Shimada, Izumi. Late Prehispanic Coastal States. *The Inca World: The Development of Pre-Columbian Peru, A.D. 1000-1534,* révisé par Laura Laurencich Minelli, Norman: University of Oklahoma Press, 2000, p. 49-110

Shimada, Izumi, Ken-ichi Shinoda, Julie Farnum, Robert S. Corruccini et Hirokatsu Watanabe. An Integrated Analysis of Pre-Hispanic Mortuary Practices: A Middle Sicán Case Study. *Current Anthropology* 45(3), 2004, p. 369-402

Shimada, Izumi et Ursel Wagner. Peruvian Black Pottery Production and Metal Working: A Middle Sicán Craft Workshop at Huaca Sialupe. *Materials Research Society Bulletin* 26(1), 2001, p. 25-30. Numéro spécial, « Preserving Art through the Ages », révisé par Pamela Vandiver, Materials Research Society, Warrendale, Pennsylvanie

Catalogue

Liste et caractéristiques des artefacts

CERAMICS

CÉRAMIQUE

Late Sicán (1100-1375 AD)

Sicán récent (1100-1375)

Bottle with spherical body and pedestal base
Height: 18.9 cm
Diameter: 11.8 cm
Weight: 507.3 g

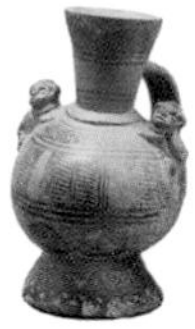

Flacon sphérique sur socle
Hauteur : 18,9 cm
Diamètre : 11,8 cm
Poids : 507,3 g

Bottle with bird sculpture body
Height: 18.8 cm
Diameter: 21.4 cm
Weight: 602.1 g

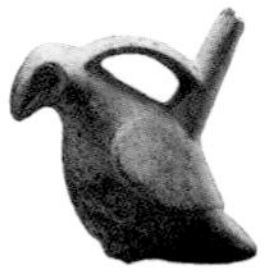

Flacon sculpté en forme d'oiseau
Hauteur : 18,8 cm
Diamètre : 21,4 cm
Poids : 602,1 g

All below Middle Sicán (900-1100 AD)

Tous les articles ci-dessous sont de la période du Sicán de 900 à 1100.

Bottle with lenticular body and representation of Sicán Lord in the spout
Height: 15.8 cm
Diameter: 14.5 cm
Weight: 466.4 g

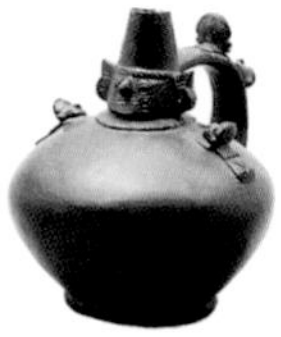

Flacon à forme lenticulaire, orné d'une représentation du Seigneur du Sicán sur le goulot
Hauteur : 15,8 cm
Diamètre : 14,5 cm
Poids : 466,4 g

Small sculptoric bottle with the representation of the Peruvian dog
Height: 9.5 cm
Diameter: 10.9 cm
Weight: 224.8 g

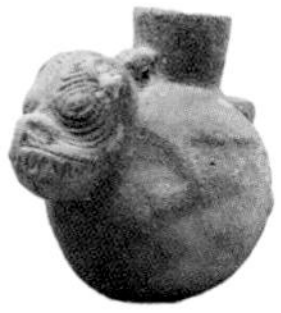

Flacon sculpté en forme de chien péruvien
Hauteur : 9,5 cm
Diamètre : 10,9 cm
Poids : 224,8 g

Simple spout bottle with lenticular body
Height: 11.7 cm
Diameter: 14.1 cm
Weight: 257.5 g

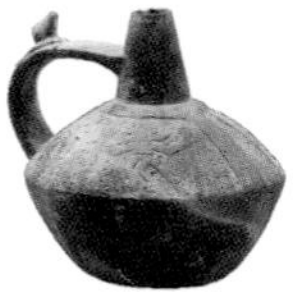

Flacon lenticulaire à corps et goulot simple
Hauteur : 11,7 cm
Diamètre : 14,1 cm
Poids : 257,5 g

Simple spout bottle with spherical body
Height: 13.1 cm
Diameter: 12.5 cm
Weight: 256.6 g

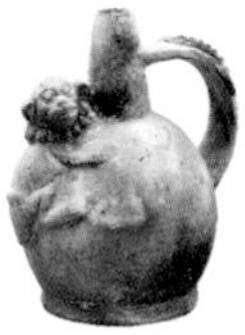

Flacon sphérique à goulot simple
Hauteur : 13,1 cm
Diamètre : 12,5 cm
Poids : 256,6 g

Small sculptoric bottle
Height: 9.5 cm
Diameter: 9.9 cm
Weight: 149.6 g

Flacon à fête sculpté
Hauteur : 9,5 cm
Diamètre : 9,9 cm
Poids : 149,6 g

Pot with face
Height: 19.0 cm
Diameter: 14.0 cm
Weight: 483.9 g

Vase arborant un visage
Hauteur : 19,0 cm
Diamètre : 14,0 cm
Poids : 483,9 g

Dog face pot
Height: 11.5 cm
Diameter: 14.3 cm
Weight: 341.2 g

Vase en forme de chien
Hauteur : 11,5 cm
Diamètre : 14,3 cm
Poids : 341,2 g

Sicán face single spout bottle
Height: 15.0 cm
Diameter: 13.3 cm
Weight: 383.0 g

Vase à goulot simple, orné d'un visage sicán
Hauteur : 15,0 cm
Diamètre : 13,3 cm
Poids : 383,0 g

Spouted pot with small faces
Height: 14.8 cm
Diameter: 17.5 cm
Weight: 501.5 g

Vase à goulot, orné de petits visages
Hauteur : 14,8 cm
Diamètre : 17,5 cm
Poids : 501,5 g

Double spouted pot with Sicán lord face
Height: 18.3 cm
Diameter: 21.0 cm
Weight: 573.9 g

Vase à goulot double, orné du visage
du seigneur du Sicán
Hauteur : 18,3 cm
Diamètre : 21,0 cm
Poids : 573,9 g

Tri leg bowl
Height: 7.0 cm
Diameter: 11.2 cm
Weight: 234.2 g

Bol à trois pieds
Hauteur : 7,0 cm
Diamètre : 11,2 cm
Poids : 234,2 g

Sicán lord body of pot
Height: 30.7 cm
Diameter: 24.3 cm
Weight: 1559.2 g

Vase à l'effigie du seigneur du Sicán
Hauteur : 30,7 cm
Diamètre : 24,3 cm
Poids : 1 559,2 g

Double spout pot
with Lord Sicán, unrestored
Height: 19.5 cm
Diameter: 26.5 cm
Weight: 812.3 g

Vase à double goulot, surmonté
de la tête du seigneur du Sicán,
non restauré
Hauteur : 19,5 cm
Diamètre : 26,5 cm
Poids : 812,3 g

Monkey face pot
Height: 15.2 cm
Diameter: 12.0 cm
Weight: 332.5 g

Vase orné de singes
Hauteur : 15,2 cm
Diamètre : 12,0 cm
Poids : 332,5 g

Spouted pot with small faces
Height: 14.2 cm
Diameter: 17.5 cm
Weight: 334.5 g

Vase à goulot orné de petits visages
Hauteur : 14,2 cm
Diamètre : 17,5 cm
Poids : 334,5 g

Mold of stirrup spout bottle
(two pieces)
Height: A 20.3 cm,   B 21.4 cm
Diameter: A 17.3 cm,   B 17.5 cm
Weight: A 900.5 g,   B 891.6 g

Moule à bouteilles à anse-goulot en étrier
(deux parties)
Hauteur :   A 20,3 cm; B 21,4 cm
Diamètre : A 17,3 cm; B 17,5 cm
Poids :   A 900,5 g; B 891,6 g

Bronze point
Length: 37.8 cm
Diameter: 2.2 cm
Weight: 610.7 g

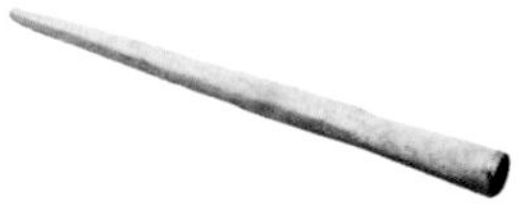

Pointe en bronze
Longueur : 37,8 cm
Diamètre : 2,2 cm
Poids : 610,7 g

Bronze point
Length: 35.7 cm
Diameter: 2.6 cm
Weight: 436.7 g

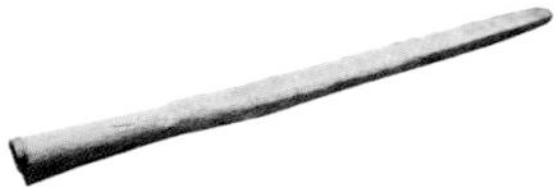

Pointe en bronze
Longueur : 35,7 cm
Diamètre : 2,6 cm
Poids : 436,7 g

Bronze point
Length: 35.6 cm
Diameter: 2.5 cm
Weight: 373.4 g

Pointe en bronze
Longueur : 35,6 cm
Diamètre : 2,5 cm
Poids : 373,4 g

Bronze point
Length: 40.4 cm
Diameter: 2.0 cm
Weight: 396.4 g

Pointe en bronze
Longueur : 40,4 cm
Diamètre : 2,0 cm
Poids : 396,4 g

Bronze point
Length: 34.3 cm
Diameter: 2.7 cm
Weight: 545.9 g

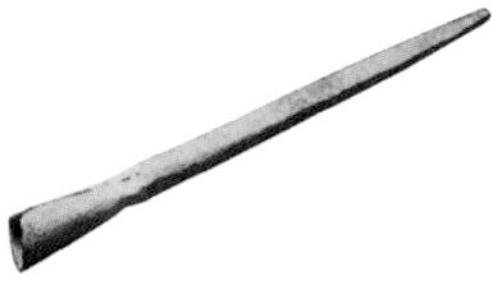

Pointe en bronze
Longueur : 34,3 cm
Diamètre : 2,7 cm
Poids : 545,9 g

Bronze point
Length: 35.8 cm
Diameter: 2.1 cm
Weight: 330.4 g

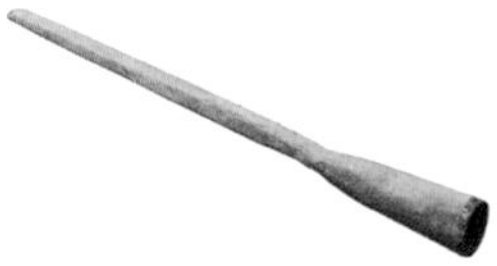

Pointe en bronze
Longueur : 35,8 cm
Diamètre : 2,1 cm
Poids : 330,4 g

Bronze point
Length: 40.3 cm
Diameter: 1.6 cm
Weight: 419.9 g

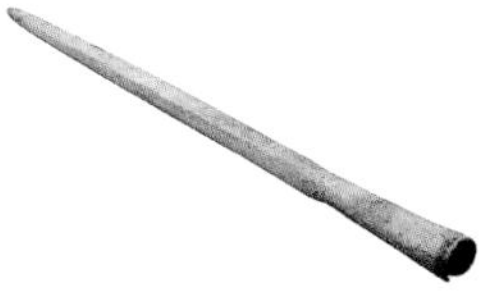

Pointe en bronze
Longueur : 40,3 cm
Diamètre : 1,6 cm
Poids : 419,9 g

Bronze point
Length: 35.8 cm
Diameter: 2.5 cm
Weight: 504.7 g

Pointe en bronze
Longueur : 35,8 cm
Diamètre : 2,5 cm
Poids : 504,7 g

Bronze point
Length: 36 cm
Diameter: 2.8 cm
Weight: 549.4 g

Pointe en bronze
Longueur : 36 cm
Diamètre : 2,8 cm
Poids : 549,4 g

Bronze point
Length: 42.2 cm
Diameter: 1.4 cm
Weight: 317.8 g

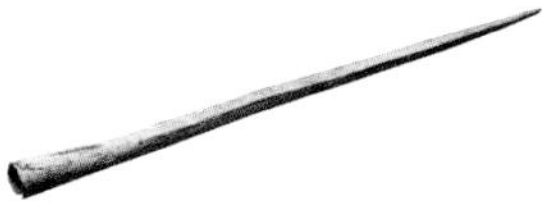

Pointe en bronze
Longueur : 42,2 cm
Diamètre : 1,4 cm
Poids : 317,8 g

Bronze point
Length: 38.3 cm
Diameter: 2.3 cm
Weight: 338.7 g

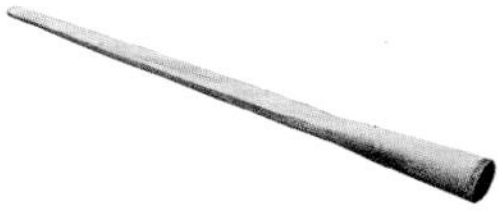

Pointe en bronze
Longueur : 38,3 cm
Diamètre : 2,3 cm
Poids : 338,7 g

SHELLS   COQUILLES ET COQUILLAGES

Spondylus shell
Length: 15.5 cm
Width: 16.0 cm
Weight: 934.2 g

Coquillage de *spondylus*
Longueur : 15,5 cm
Largeur : 16,0 cm
Poids : 934,2 g

Spondylus shell
Length: 14.5 cm
Width: 15.0 cm
Weight: 540.7 g

Coquillage de *spondylus*
Longueur : 14,5 cm
Largeur : 15,0 cm
Poids : 540,7 g

Spondylus shell
Length: 14.0 cm
Width: 14.0 cm
Weight: 465.3 g

Coquillage de *spondylus*
Longueur : 14,0 cm
Largeur : 14,0 cm
Poids : 465,3 g

Snail shell
Length: 16.5 cm
Width: 10.5 cm
Weight: 1079.8 g

Coquille d'escargot
Longueur : 16,5 cm
Largeur : 10,5 cm
Poids : 1 079,8 g

Snail shell
Length: 15.0 cm
Width: 9.8 cm
Weight: 773.9 g

Coquille d'escargot
Longueur : 15,0 cm
Largeur : 9,8 cm
Poids : 773,9 g

Snail shell
Length: 15.0 cm
Width: 10.0 cm
Weight: 667.6 g

Coquille d'escargot
Longueur : 15,0 cm
Largeur : 10,0 cm
Poids : 667,6 g

Block of shells and turquoise beads
Length: 47.0 cm
Width: 37.0 cm
Weight: 22.0 kg

Amalgame de coquilles
et de perles de turquoise
Longueur : 47,0 cm
Largeur : 37,0 cm
Poids : 22,0 kg

Sodalite necklace
(29 beads)
Length: 20.0 cm
Weight: 66.8 g including nylon

Collier de sodalites
(29 perles)
Longueur : 20,0 cm
Poids : 66,8 g, nylon compris

Amethyst necklace
(21 beads)
Length: 19.2 cm
Weight: 125.9 g including nylon

Collier d'améthystes
(21 perles)
Longueur : 19,2 cm
Poids : 125,9 g, nylon compris

Amber beads
(34 beads)
Length: 15.0 cm
Weight: 145.0 g including nylon

Collier d'ambre
(34 perles)
Longueur : 15,0 cm
Poids : 145,0 g, nylon compris

Amber beads
(11 beads)
Length: 17.5 cm
Weight: 73.7 g including nylon

Perles d'ambre
(11 perles)
Longueur : 17,5 cm
Poids : 73,7 g, nylon compris

HEAD DECORATIONS

PARURES POUR LA TÊTE

Bird crown, gold
Diameter 22.9 cm
Height: 2.9 cm
Weight: 56.4 g

Couronne à l'effigie d'un oiseau, en or
Diamètre : 22,9 cm
Hauteur : 2,9 cm
Poids : 56,4 g

Bird crown, gold
Diameter 21.5 cm
Height: 2.9 cm
Weight: 43.6 g

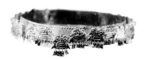

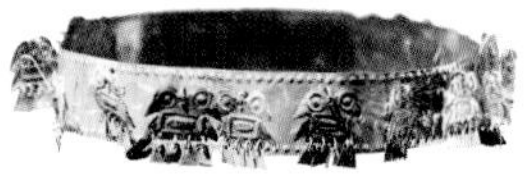

Couronne à l'effigie d'un oiseau, en or
Diamètre : 21,5 cm
Hauteur : 2,9 cm
Poids : 43,6 g

Double gold crown, gold
Height: 17.6 cm
Width: 18.3 cm
Weight: 271.8 g

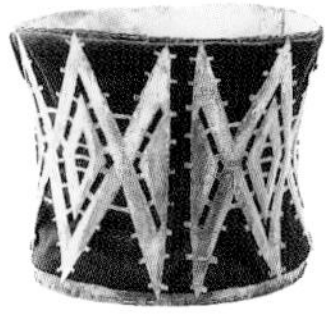

Couronne double, en or
Hauteur : 17,6 cm
Largeur : 18,3 cm
Poids : 271,8 g

Crown hole pattern, gold
Height: 21.7 cm
Width: 19.0 cm,
Weight: 153.9 g

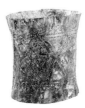

Couronne au motif troué, en or
Hauteur : 21,7 cm
Largeur : 19,0 cm
Poids : 153,9 g

Double crown, gold
Height: 16.5 cm
Width: 20.2 cm
Weight: 244.9 g

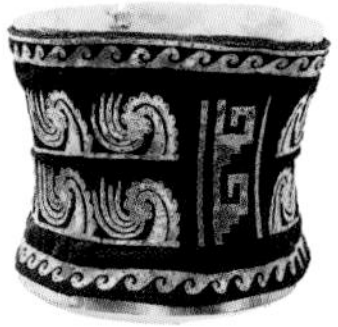

Couronne double, en or
Hauteur : 16,5 cm
Largeur : 20,2 cm
Poids : 244,9 g

Double crown wave pattern, gold
Height: 15.0 cm
Width: 20.0 cm
Weight: 328.2 g

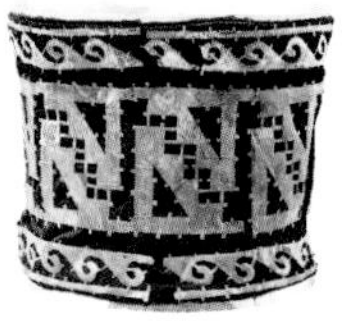

Couronne double au motif vagué, en or
Hauteur : 15,0 cm
Largeur : 20,0 cm
Poids : 328,2 g

Bat forehead piece, gold
Height: 44.8 cm
Width: 21.3 cm
Weight: 469.6 g

Coiffe à l'effigie d'une chauve-souris, en or
Hauteur : 44,8 cm
Largeur : 21,3 cm
Poids : 469,6 g

Forehead piece
with Lord Sicán
(15 discs, 2 side pieces,
Lord Sicán piece, gold)
Height: 37.5 cm
Width: 20.4 cm
Weight: 225.3 g including acrylic

Ornement frontal à l'effigie
du seigneur du Sicán
(15 disques, deux pièces latérales,
seigneur du Sicán, en or)
Longueur : 37,5 cm
Largeur : 20,4 cm
Poids : 225,3 g, acrylique compris

Forehead piece with
mini Lord Sicán gold mask
(4 discs, 1 center piece,
2 side pieces, gold)
Height: 25.7 cm
Width: 41.8 cm
Weight: 346.7 g including acrylic

Ornement frontal orné d'un petit masque
en or du seigneur du Sicán
(quatre disques, une pièce centrale,
deux pièces latérales, en or)
Longueur : 25,7 cm
Largeur : 41,8 cm
Poids : 346,7 g, acrylique compris

Two cut out pieces of gold
with stair patterns
Height: A 25.2 cm, B 25.3 cm
Width: A 2.0 cm,   B 2.0 cm
Weight: A 15.2 g,   B 16.5 g

Deux découpages en or
à motifs d'escalier
Longueur : A 25,2 cm; B 25,3 cm
Largeur :   A 2,0 cm;   B 2,0 cm
Poids :   A 15,2 g;   B 16,5 g

Main mask piece, gold
Height: 29.0 cm
Width: 52.9 cm
Weight: 1006.0 g

Composante principale d'un masque, en or
Hauteur : 29,0 cm
Largeur : 52,9 cm
Poids : 1 006,0 g

Gold ear spools (2 spools)
Diameter: A 10.1 cm, B 10.1 cm
Weight: A 72.2 g,   B 76.4 g

Tampons d'oreille, en or
Diamètre : A 10,1 cm; B 10,1 cm
Poids :   A 72,2 g;   B 76,4 g

Spool earrings with filigree, gold (2 spools)
Diameter: A 10.0 cm, B 10.0 cm (anterior)
           A 7.1 cm,   B 7.3 cm (posterior)
Weight: A 73.5 g,   B 75.2 g

Tampons d'oreille à filigrane, en or
Diamètre : A 10,0 cm; B 10,0 cm (avant)
            A 7,1 cm;   B 7,3 cm (arrière)
Poids :   A 73,5 g;   B 75,2 g

Spool earrings with filigree, gold (2 spools)
Diameter: A 8.2 cm,   B 8.3 cm (anterior)
           A 7.2 cm,   B 7.2 cm (posterior)
Weight: A 47.7 g,   B 49.4 g

Tampons d'oreille à filigrane, en or
Diamètre : A 8,2 cm;   B 8,3 cm (avant)
            A 7,2 cm;   B 7,2 cm (arrière)
Poids :   A 47,7 g;   B 49,4 g

Spool earrings, gold (2 spools)
Diameter: A 9.2 cm,   B 9.2 cm (anterior)
           A 7.3 cm,   B 7.3 cm (posterior)
Weight: A 77.3 g,   B 78.3 g

Tampons d'oreille, en or
Diamètre : A 9,2 cm;   B 9,2 cm (avant)
            A 7,3 cm;   B 7,3 cm (arrière)
Poids :   A 77,3 g;   B 78,3 g

Spool earrings with turquoise, gold (2 spools)
Diameter: A 10.0 cm, B 10.0 cm (anterior)
           A 7.2 cm,   B 7.2 cm (posterior)
Weight: A 77.5 g,   B 77.9 g

Tampons d'oreille ornés de turquoise, en or
Diamètre : A 10,0 cm; B 10,0 cm (avant)
            A 7,2 cm;   B 7,2 cm (arrière)
Poids :   A 77,5 g;   B 77,9 g

Spool earrings, no centre piece, gold (2 spools)
Diameter: A 7.9 cm,   B 7.9 cm (anterior)
           A 7.3 cm,   B 7.3 cm (posterior)
Weight: A 44.1 g,   B 44.1 g

Tampons d'oreille, sans pièce centrale, en or
Diamètre : A 7,9 cm;   B 7,9 cm (avant)
            A 7,3 cm;   B 7,3 cm (arrière)
Poids :   A 44,1 g;   B 44,1 g

Ear spools, no centre piece, gold (2 spools)
Diameter: A 8.1 cm,   B 8.1 cm (anterior)
           A 7.5 cm,   B 7.4 cm (posterior)
Weight: A 51.2 g,   B 50.0 g

Tampons d'oreille, sans pièce centrale, en or
Diamètre : A 8,1 cm;   B 8,1 cm (avant)
            A 7,5 cm;   B 7,4 cm (arrière)
Poids :   A 51,2 g;   B 50,0 g

Spool earrings. gold (2 earrings)
Height: A 34.5 cm, B 34.4 cm
Width: A 12.0 cm, B 12.1 cm
Weight: A 35.3 g,   B 36.8 g

Tampons d'oreille en or
Hauteur :   A 34,5 cm; B 34,4 cm
Largeur :   A 12,0 cm; B 12,1 cm
Poids :   A 35,3 g;   B 36,8 g

Nose ornament with turquoise
Height: 7.3 cm
Width: 2.8 cm
Weight: 124.2 g

Ornement nasal incrusté de turquoise
Longueur : 7,3 cm
Largeur : 2,8 cm
Poids : 124,2 g

Nose ornament with turquoise
Height: 6.3 cm
Width: 3.1 cm
Weight: 124.8 g

Ornement nasal incrusté de turquoise
Hauteur : 6,3 cm
Largeur : 3,1 cm
Poids : 124,8 g

11 Feather gold head piece
Height: 21.8 cm
Width: 21.6 cm
Weight: 52.7 g

Coiffe à 11 plumes, en or
Hauteur : 21,8 cm
Largeur : 21,6 cm
Poids : 52,7 g

12 Feather gold head piece
Height: 21.5 cm
Width: 21.5 cm
Weight: 59.7 g

Coiffe à 12 plumes, en or
Hauteur : 21,5 cm
Largeur : 21,5 cm
Poids : 59,7 g

12 Feather gold head piece
Height: 21.5 cm
Width: 21.0 cm
Weight: 58.8 g

Coiffe à 12 plumes, en or
Hauteur : 21,5 cm
Largeur : 21,0 cm
Poids : 58,8 g

Tumi shaped head ornament
Height: 28.2 cm
Width: 16.7 cm
Weight: 86.2 g

Coiffe en forme de tumi
Hauteur : 28,2 cm
Largeur : 16,7 cm
Poids : 86,2 g

Tumi shaped head ornament
Height: 28.3 cm
Width: 16.6 cm
Weight: 103.3 g

Coiffe en forme de tumi
Hauteur : 28,3 cm
Largeur : 16,6 cm
Poids : 103,3 g

Tumi shaped head ornament,
bird decoration with plastic form,
gold & silver
Height: 30.9 cm
Width: 16.6 cm
Weight: 109.0 g

Coiffe en forme de tumi,
décoration en forme d'oiseau
avec forme de plastique, en or et en argent
Hauteur : 30,9 cm
Largeur : 16,6 cm
Poids : 109,0 g

Tumi shaped head ornament, gold
(5 gold discs attached)
Height: 28.7 cm
Width: 16.6 cm
Weight: 85.1 g

Coiffe en forme de tumi, en or
(dotée de cinq disques en or)
Hauteur : 28,7 cm
Largeur : 16,6 cm
Poids : 85,1 g

Tumi shaped head ornament,
corroded gold, unrestored
Height: 28.6 cm
Width: 17.9 cm
Weight: 144.6 g

Coiffe en forme de tumi,
or corrodé, non restauré
Hauteur : 28,6 cm
Largeur : 17,9 cm
Poids : 144,6 g

Head Ornament
Height: 28.0 cm
Width: 8.1 cm
Weight: 48.5 g

Parure de tête
Hauteur : 28,0 cm
Largeur : 8,1 cm
Poids : 48,5 g

Headdress, gold
Height: 21.7 cm
Width: 29.6 cm
Weight: 379.8 g

Coiffe, en or
Hauteur : 21,7 cm
Largeur : 29,6 cm
Poids : 379,8 g

Head piece of 90 feathers, gold
Height: 55.5 cm
Width: 59.0 cm
Weight: 404.4 g

Coiffe constituée de 90 plumes, en or
Hauteur : 55,5 cm
Largeur : 59,0 cm
Poids : 404,4 g

Head piece in U shape
(29 gold discs)
Height: 91.7 cm
Width: 42.0 cm
Weight: 1022.7 g including acrylic

Coiffe en forme de parabole
(29 disques en or)
Hauteur : 91,7 cm
Largeur : 42,0 cm
Poids : 1 022,7 g, acrylique compris

U shape gold piece, headdress,
including 12 cones/bells
Height: 97.0 cm
Width: 42.0 cm
Weight: 1156.8 g including acrylic

Coiffe en or en forme de parabole,
comprenant 12 cônes ou clochettes
Hauteur : 97,0 cm
Largeur : 42,0 cm
Poids : 1 156,8 g, acrylique compris

131

OTHER METAL OBJECTS

AUTRES OBJETS EN MÉTAL

Geometric swirl ornament
Height: 18.0 cm
Width: 16.0 cm
Weight: 21.9 g

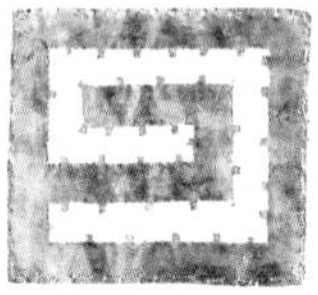

Ornement découpé en spirale
Longueur : 18,0 cm
Largeur : 16,0 cm
Poids : 21,9 g

Geometric swirl ornament
Height: 18.0 cm
Width: 16.0 cm
Weight: 25.5 g

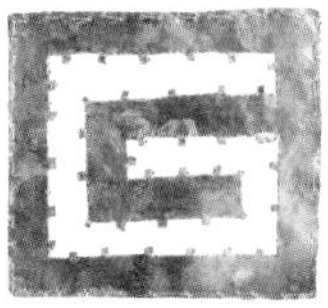

Ornement découpé en spirale
Longueur : 18,0 cm
Largeur : 16,0 cm
Poids : 25,5 g

Square spiral gold cut out
Height: 18.0 cm
Width: 16.8 cm
Weight: 27.7 g

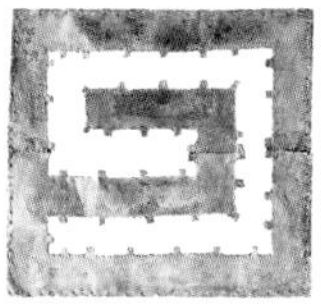

Ornement découpé en spirale, en or
Longueur : 18,0 cm
Largeur : 16,8 cm
Poids : 27,7 g

Square spiral gold cut out
Height: 18.0 cm
Width: 16.9 cm
Weight: 26.6 g

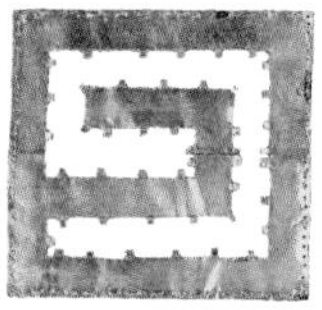

Ornement découpé en spirale, en or
Longueur : 18,0 cm
Largeur : 16,9 cm
Poids : 26,6 g

Gold square plates (70)
Height: 150.0 cm
Width: 50.0 cm
Weight: 4562.0 g including acrylic

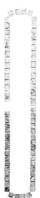

Plaques carrées, en or (70)
Longueur : 150,0 cm
Largeur : 50,0 cm
Poids : 4 562,0 g, acrylique compris

Gold panel,
Huaca Loro

Group A: 636 squares
Group B: 608 squares
Group C: 329 squares
Group D: 286 squares
Group E: 70 squares
Group F: 15 squares
Total squares: 1944

Height: 155.0 cm
Width: 130.0 cm
Weight: 11,500.0 g including acrylic

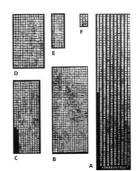

Panneau en or,
Huaca Loro

Groupe A : 636 carrés
Groupe B : 608 carrés
Groupe C : 329 carrés
Groupe D : 286 carrés
Groupe E : 70 carrés
Groupe F : 15 carrés
Nombre total de carrés : 1 944

Hauteur : 155,0 cm
Largeur : 130,0 cm
Poids : 11 500,0 g, acrylique compris

Monkey gold cut outs
(7 monkeys)
Height: 12.0 cm
Width: 30.0 cm
Weight: 130.5 g

Découpages de singes en or
(sept singes)
Hauteur : 12,0 cm
Largeur : 30,0 cm
Poids : 130,5 g

Four Sicán lords cut out

A: H 10.8 cm, W 8.25 cm
B: H 10.9 cm, W 7.9 cm
C: H 11.1 cm, W 7.9 cm
D: H 11.0 cm, W 7.7 cm

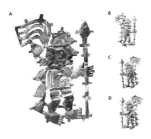

Quatre découpages du seigneur du Sicán

A : hauteur de 10,8 cm; largeur de 8,25 cm
B : hauteur de 10,9 cm; largeur de 7,9 cm
C : hauteur de 11,1 cm; largeur de 7,9 cm
D : hauteur de 11,0 cm; largeur de 7,7 cm

Four Sicán lords
4 geometric step pieces

A: H 32.6 cm, W 2.7 cm
B: H 32.8 cm, W 2.7 cm
C: H 24.4 cm, W 2.7 cm
D: H 24.7 cm, W 2.7 cm

Quatre pièces géométriques
du seigneur du Sicán

A : hauteur de 32,6 cm; largeur de 2,7 cm
B : hauteur de 32,8 cm; largeur de 2,7 cm
C : hauteur de 24,4 cm; largeur de 2,7 cm
D : hauteur de 24,7 cm; largeur de 2,7 cm

Gold disc with inner circle
of 19 small discs attached;
outer circle not attached with
43 attached gold discs
Diameter: 30.4 cm
Weight: 383.6 g including acrylic

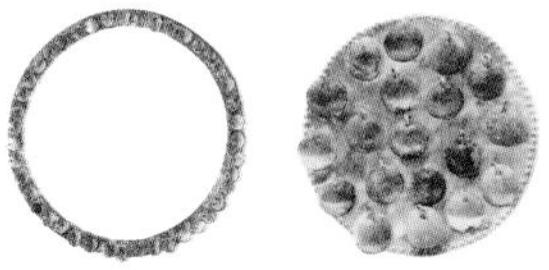

Disque en or composé d'un cercle intérieur
doté de 19 petits disques;
cercle extérieur non attaché avec 43 disques
en or attachés
Diamètre : 30,4 cm
Poids : 383,6 g, acrylique compris

Two triangular shaped ornaments with
8 small circular gold attachments
Height: A 12.0 cm,   B 12.0 cm
Width: A 7.1 cm,   B 7.1 cm
Weight: A 13.2 g,   B 13.1 g

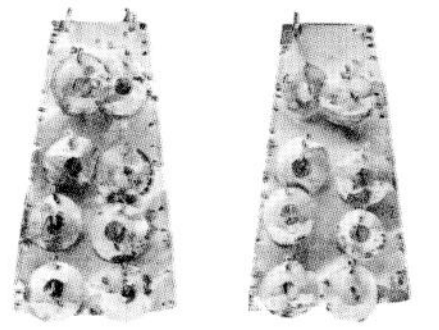

Deux ornements triangulaires
dotés de huit accessoires circulaires en or
Hauteur :   A 12,0 cm;   B 12,0 cm
Largeur :   A 7,1 cm;   B 7,1 cm
Poids :   A 13,2 g;   B 13,1 g

Ornament covered with 44 small gold circles
Height: 18.5 cm
Width: 34.5 cm
Weight: 66.5 g

Ornement couvert de 44 petits cercles en or
Hauteur : 18,5 cm
Largeur : 34,5 cm
Poids : 66,5 g

Ornament with 24 gold circles and
Sicán lord masks
Height: 14.3 cm
Width: 22.0 cm
Weight: 44.2 g

Ornement doté de 24 cercles en or
et masques du seigneur du Sicán
Hauteur : 14,3 cm
Largeur : 22,0 cm
Poids : 44,2 g

Sicán lord on gold square
Height: 20.1 cm
Width: 18.6 cm
Weight: 37.7 g

Seigneur du Sicán sur carré en or
Hauteur : 20,1 cm
Largeur : 18,6 cm
Poids : 37,7 g

Sicán lord on gold square Sicán
Height: 20.2 cm
Width: 18.7 cm
Weight: 37.7 g

Seigneur du Sicán sur carré en or
Hauteur : 20,2 cm
Largeur : 18,7 cm
Poids : 37,7 g

Vase with Sicán lord
Height: 13.4 cm
Diameter: 10.0 cm
Weight: 63.5 g

Vase à l'effigie du Seigneur du Sicán
Hauteur : 13,4 cm
Diamètre : 10,0 cm
Poids : 63,5 g

Weapon in gold
Length: 82.2 cm
Width: 5.0 cm
Weight: 556.1 g

Arme en or
Longueur : 82,2 cm
Largeur : 5,0 cm
Poids : 556,1 g

Weapon
Length: 69.0 cm
Width: 2.7 cm
Weight: 84.6 g

Arme
Longueur : 69,0 cm
Largeur : 2,7 cm
Poids : 84,6 g

Gold rattle
Height: 17.1 cm
Width: 8.0 cm
Weight: 137.5 g

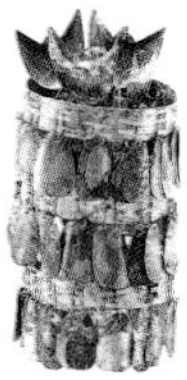

Hochet en or
Hauteur : 17,1 cm
Largeur : 8,0 cm
Poids : 137,5 g

Rattle
Height: 15.5 cm
Width: 7.5 cm
Weight: 271.1 g

Hochet
Hauteur : 15,5 cm
Largeur : 7,5 cm
Poids : 271,1 g

Gold disc with copper
Diameter: 26.8 cm
Weight: 91.1 g

Disque en or avec cuivre
Diamètre : 26,8 cm
Poids : 91,1 g

Gold disc with copper
Diameter: 26.2 cm
Weight: 106.1 g

Disque en or avec cuivre
Diamètre : 26,2 cm
Poids : 106,1 g

Gold disc with copper
Diameter: 28.0 cm
Weight: 110.9 g

Disque en or avec cuivre
Diamètre : 28,0 cm
Poids : 110,9 g

Gold disc with copper
Diameter: 24.8 cm
Weight: 89.7 g

Disque en or avec cuivre
Diamètre : 24,8 cm
Poids : 89,7 g

Gold disc with copper
Diameter: 25.5 cm.
Weight: 114.1 g

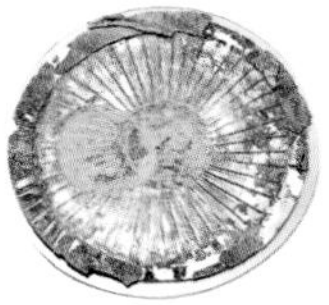

Disque en or avec cuivre
Diamètre : 25,5 cm
Poids : 114,1 g

Gold disc with copper
Diameter: 24.8 cm
Weight: 100.5 g

Disque en or avec cuivre
Diamètre : 24,8 cm
Poids : 100,5 g

Ornament
Height: 12.1 cm
Width: 20.5 cm
Weight: 120.7 g

Ornement
Hauteur : 12,1 cm
Largeur : 20,5 cm
Poids : 120,7 g

Gold disc with 18 small circle discs
Diameter: 10.5 cm
Weight: 24.1 g

Disque en or avec 18 petits disques circulaires
Diamètre : 10,5 cm
Poids : 24,1 g

16 cones/bells
Height: 15.2 cm
Width: 49.0 cm
Weight: 135.5 g

16 cônes ou clochettes
Hauteur : 15,2 cm
Largeur : 49,0 cm
Poids : 135,5 g

Gold necklace with shell shaped pieces
(20 pieces)
Height: 20.0 cm
Weight: 60.0 g including nylon

Collier en or, à décorations en forme de coquilles
(20 morceaux)
Longueur : 20,0 cm
Poids : 60,0 g, nylon compris

Three pieces sheet metal
with serpentine pattern
Height: 27.2 cm
Width: 31.2 cm
Weight: 167.8 g

Trois morceaux de tôle
avec motif en serpentin
Hauteur : 27,2 cm
Largeur : 31,2 cm
Poids : 167,8 g

Silver *Tumi* knife
Length: 26.1 cm
Width: 11.3 cm
Weight: 251.95 g

Couteau *tumi* en argent
Longueur : 26,1 cm
Largeur : 11,3 cm
Poids : 251,95 g